贝克知识丛书

AUSCHWITZ
Geschichte und Nachgeschichte

奥斯维辛

Sybille Steinbacher

[德] 西比勒·施泰因巴赫尔 著

王琼颖 译

上海三联书店

致　谢

这本书的创意来自诺伯特·弗赖。我衷心感谢他提供这样的机会，也感谢他就本书原稿进行的多次探讨和批判性审阅。加布里埃拉·格沃雷克为我提供了战后奥斯维辛历史的相关信息，在此向他们致以特别感谢。

谨以本书献给我的外祖母约翰娜·赛德尔及其兄弟姐妹。

这曾是奥斯维辛

她挨着墙躺着，发出呻吟声。负责搬运尸体、清空毒气室的特别小分队囚犯们发现了她：一个被尸体掩埋的 16 岁女孩。他们把她背到一间配室里，用大衣将她包裹起来。从来没有人能在毒气室幸存下来。一名正在执行监控任务的党卫队中士注视着这群人。一名囚犯为这个女孩向他求情道，一旦重新恢复体力，她可以从这里走出去，和其他妇女一起加入铺路队。但守卫摇了摇头，说这个小女孩会泄露机密。他挥手招来一名同事，那人毫不迟疑，一枪击中了女孩的颈部。

当党卫队军人大声斥责他时，斯塔西奥忘记按照集中营规定把帽子摘下来。这名中士抓住这个波兰年轻人的头把他往地上摔去，用靴子的尖头狠狠踩住他的咽喉，直到鲜血从他嘴里流了出来。入夜，同伴们用担架将斯塔西奥的尸体运回了集中营。劳动队必须全员到齐，十九个活人和一个死人。

当伊丽莎白被调去文书室时，她的母亲还活着，然而她的兄弟姐妹和父亲则早已死去。她在奥斯维辛的吉普赛营失去了 30 位亲人：被谋杀的有她的外婆和祖母，她的姨妈及其五个子女，还有另一位婶婶——她的十个孩子中只有两人活了下来。伊丽莎白的母亲也未能幸存下来，她死于饥饿。

……

无数像这样简短的例子在奥斯维辛集中营囚犯的报道与回忆录中流传了下来，它们沉痛见证了铁丝网之内发生的可怕罪行。这些受害者的证言正是开展奥斯维辛研究不可或缺的一部分。从他们的角度出发，才能完整呈现这一罪行的程度。

目　录

第一章
奥斯维辛城

几个世纪以来形成的边界

德意志人在奥斯维辛（Oświęcim）周围安家落户可以追溯到 13 世纪末，他们开启了一个定居于此的设想——而在将近 700 年后，试图"完成"这一方案成为纳粹分子有计划实施残忍的"日耳曼化政策"的原动力与目标。1178 年首次见诸文献的奥斯维辛位于斯拉夫人与德意志人交界的地方，这一源出古波兰语"święty"（意为"圣徒"。——译者注）的名称，指出了这里早期基督教化的过程。

中世纪时的东部定居运动起源于波兰君主领土扩

张，通过调整社会、法律和经济秩序提升斯拉夫文化，以及加强王权的种种意图，但在维护、保全和促进斯拉夫传统的背景下，"德意志法"（这里的"德意志"并非一个民族概念，而是一个法律上的概念）经历了一个文化上和平融入的过程。定居者们采用德意志城市法进行管理，因为按照中世纪的传统，法律适用于属人原则，而非属地原则，如此他们便于 1260 年在自己生活的奥斯维辛建立起了这样一套法律。

这座位于维斯瓦河（Weichsel）与索瓦河（Soła）交汇处的城市很快成为一个小型贸易中心，它也是以这一名称命名的公爵领地上的法庭所在地与首都。几个世纪以来，奥斯维辛几度变更其政治归属：1348 年它被并入德意志神圣罗马帝国，德语成为官方语言。但随着中世纪爆发第一次农业危机，德意志定居运动在 14 世纪中叶陷于停顿，最终胡斯战争①结束了这一东进的过程，

---

① 1415 年，神学家、宗教改革家扬·胡斯（Jan Hus，1369—1415）因发起宗教改革倡议而被教廷处以火刑，以此为契机，1419—1436 年间在波西米亚王国境内爆发了一场大规模战争。而战争的另一个起因则是由于德意志移民的垦殖运动在建立波西米亚城市的同时，也损害了当地捷克人（尤其是农民）的利益。因此胡斯战争还带有反对神圣罗马帝国、争取民族解放的色彩。——译者注，后同。

由于当时奥斯维辛处于波西米亚的统治之下，因此捷克语成为这里的官方语言。1457年，这块公爵领地被以五万银马克的价格出售，并被置于波兰王冠的统治之下，但西里西亚法仍被暂时保留下来——因此更确切来说，直到1565年这里才成为波兰国王的领地。

1772年，普鲁士、俄国及奥地利瓜分了波兰，奥地利吞并了包括克拉科夫（Krakau）和伦贝格（Lamberg）在内，西起比亚拉河（Biała），东至兹布鲁奇河（Zbrucz）①的地区，这一地区遂成上述列强集结军队的地方，七年后奥斯维辛落入了奥地利之手。德语再度成为这里的官方语言，这座城市因此被定名为"奥斯维辛"（Auschwitz），并位于哈布斯堡帝国新成立的加利西亚-沃里尼亚王国（Galizien und Lodomerien）②内。虽然1793年与1795年的第二、三次瓜分波兰对这座城市并

---

① 克拉科夫现名"Kraków"，为波兰城市；伦贝格则是今天的乌克兰城市利沃夫（Львів）。比亚拉河是维斯瓦河的支流，位于波兰南部；兹布鲁奇河则是欧洲东部河流德涅斯特河的支流，同样位于乌克兰境内。

② 加利西亚-沃里尼亚王国是奥地利在第一次瓜分波兰后设立的一处奥地利世袭领地，其领土范围北至波兰，南至匈牙利，东至俄国（沃里尼亚和波多尔）和布科维纳地区，西接分属奥地利和普鲁士的西里西亚地区。

无影响，但是随着 1815 年维也纳和会重新改划边界，奥斯维辛得以进入德意志联盟，它成为这个邦联性质国家共同体的一员直到联盟 1866 年解散为止①。而哈布斯堡家族对这座城市的统治则一直持续到 1918 年王朝覆灭，直到最后一刻皇帝都领有"奥斯维辛公爵"的头衔。

天主教徒与犹太人

由于受伦贝格、克拉科夫、布雷斯劳（Breslau）和格尔利茨（Görlitz）②这条贸易线路的吸引，早在 10 世纪到 11 世纪，犹太人就开始定居于上西里西亚。也是从这一时期开始，他们被允许在奥斯维辛这一贸易要冲安家置业，但正式的书面移居许可则要到 1457 年才出现。然而，不同于周边其他地区，这座城市并未出台过严禁犹太人安家做买卖的规章制度。这里的天主教徒既没有迫害，也没有屠杀过犹太人；同样，他们也没有将后者隔离在犹太隔离区（Ghetto）内或迫使他们生活在

————————————

① 1886 年德意志联盟中最大的两大邦国普鲁士和奥地利爆发战争，作为战争胜利者的普鲁士宣布解散德意志联盟。

② 1945 年二战结束后，布雷斯劳被划给波兰，改称弗罗茨瓦夫；格尔利茨则是今天位于德波边界附近的德国城市。

4

城墙根前。在近代第一波血腥迫害浪潮（即哥萨克人挑起的赫梅尔尼茨基屠杀①）下，尽管1648—1649年犹太人遭到相邻城市的驱逐，但奥斯维辛的情况则正相反，或许也是因为犹太人人数相对较少，因此并未受到威胁。

不同于19世纪普鲁士将其东部省份的波兰居民完全纳入普鲁士国家体系之中，奥地利迫于外交失败的压力及努力平衡与匈牙利关系的考虑，竭力压制加利西亚谋求波兰化与独立建国的企图。但加利西亚这一位于内莱塔尼亚②的世袭领地按照1866年的自治条例获得了广泛的自治权利。波兰人接手了原来奥地利公务员占据的位置，波兰语重新进入行政机关与学校。奥斯维辛重新启用它最初的波兰语名字（即"Oświęcim"。——译者注），同时街道名称也恢复成原来的波兰语名称。

对于犹太人而言，随着同一时期的经济繁荣，奥

---

① 赫梅尔尼茨基屠杀（Chmel'nickij-Pogrom），也称赫梅尔尼茨基起义或哥萨克战争，它指的是1648—1657年发生在乌克兰的哥萨克人起义，这场起义最终演变为乌克兰脱离波兰统治的独立战争，以起义领袖赫梅尔尼茨基命名。然而，在民族独立的诉求之外还包含了消灭乌克兰犹太人的企图，因此战争期间犹太人的死伤极为惨重，而赫梅尔尼茨基起义也被视为犹太大屠杀历史中的重要事件之一。

② 意为莱塔河以西，而莱塔河以东则称外莱塔西尼亚，属于匈牙利。

斯维辛开始进入了"奥地利的好时光",它发端于从前积贫积弱的犹太人社区在人口和经济上强劲发展的那十年。封建农业社会的等级制度被取消,随之消失的还有从前由东欧犹太人所承担的中间人角色——他们曾在封建领主、农民和国家之间从事小批发商、手工匠、沿街兜售的小商贩、小酒店主和雇农,因此处于社会矛盾的风口浪尖上。随着几个世纪以来束缚其经济发展的单一职业结构的消失,犹太人得以摆脱毫无安全感可言的法律地位,获得完全平等的市民权利,最为重要的是发展其政治与文化的权利。在这里,犹太社区欣欣向荣,随后又成为正统犹太教精神的中心,此外,它还是重要的犹太复国主义团体的所在地。当时的人们已经带着一种自豪感谈及"奥斯维辛的耶路撒冷"。

直到 19 世纪末,加利西亚一直是一个农业地区,其居民中有近 80% 以农业为生。就业不足和显而易见的贫困笼罩着这里,但奥斯维辛却因为靠近新兴工业地区上西里西亚与波西米亚西北部而发展成为一个繁荣的城市。1856 年,当这座城市成为铁路停靠站后,工业化进程迅速加快,由于地处卡托维茨—东布罗瓦(Kattowitz-Dombrowa)煤矿产区和别尔斯克(Bielitz)工业区之间,奥斯维辛在 1900 年前设立了一座铁路枢纽站，"费迪南德皇帝北部铁路"①的三条线路直接通往克拉科夫、卡托维茨和维也纳。

当奥斯维辛的天主教徒始终恪守自己的农业天职而对工业化进程持拒绝态度时，只有一小部分的犹太人依然从事着祖传行当，而他们中的绝大多数则开始投身自由职业。首先是在工业领域，许多人因此成为大企业家，并在奥斯维辛及其周边地区开设银行与工厂；另一些人则冒险成立化学工厂与精加工企业，从而跻身现代工业分支的行列。最古老的犹太企业是于 1804 年成立的雅各布·哈伯费尔德（Jakob Haberfeld）利口酒工厂，它使得这座城市因"来自奥斯维辛的烧酒"品牌而声名远播。

在迁移的浪潮下，首先是犹太人来到奥斯维辛。1867 年将近 4 千名犹太人中有超过一半人是新移民，此后犹太人数量就一直超过了天主教居民。尽管长期以来地方政策的基调是合作，但其中也包含着犹太人自我约束的征兆：犹太人只能担任副市长，正职则始终留给天主教徒。

直到第二次世界大战爆发前，奥斯维辛的德国籍及德裔人口数量微乎其微。主观上的民族认同主要按照语言集中在作为多民族国家的奥地利以及民族成分不一的

---

① 这是一家奥地利的铁路公司。

波兰民族国家。奥匈帝国时期的人口普查显示，居民语言几乎完全是波兰语。1880 年时只有一名居民说德语；1900 年时为十名。而在 1921 年的人口普查中，仅有三名居民在"民族"一栏中填上了"德意志"。虽然 1931 年的人口普查号称波兰全境至少有 3% 的居民属于德意志民族，但奥斯维辛并不存在一个德意志少数民族群体。正因为如此，当地鲜有德国学校、德国组织、德国教堂、德国利益团体以及德国报纸。而在当地三家报社推出了波兰语报纸，同时存在的还有犹太（包括一部分意第绪语）报纸，其中很多是充当了犹太复国主义团体的喉舌报刊。

一处营地

随着加利西亚早在 19 世纪末便已卷入的迁移运动日益风起云涌，地处边界最西端的奥斯维辛就成为数以千计移民的目标城市。他们的前来，只为了能就近在普鲁士找到一份季节工的工作与收入。这些人被称为"萨克森过客"，这最早是出自一句波兰语，意思大致等同于"去工作"。

地处边界的地理位置与迁徙浪潮促使奥斯维辛建

成一处特殊的营地——为季节工人设立，附带州劳务中介办公室的住宿地。1916 年 10 月，市议会将一块距离老城三千米远的土地出售给奥匈帝国政府，一年之后一座提供移民和季节工住宿、生活的定居点得以建成。由于奥斯维辛并没有兵营，虽然这里曾是重要的交通枢纽，一战期间还被作为奥地利军队的战略基地与军事中心——军队驻扎在位于距离奥斯维辛约 25 千米远的瓦多维采（Wadowice）。整个"萨克森过客"营地由 22 幢斜顶砖砌小楼和 90 间木制板房组成，预计为 1.2 万名找工者提供住处，由此形成了一个棚户区，它于 1940 年被纳粹党人转为集中营之用。

"萨克森过客"营地履行职责大约持续了两年之久。一战结束后，由于奥斯维辛回归重新建立的波兰克拉科夫省，劳务中介活动迅速告一段落，棚户区转入国有，并承担起不同的功能：一部分作为避难所为约 4 千名来自捷克奥德贝格（Oderberg）与比尔利茨之间，也被称为"赫鲁钦地方"（Hultschiner Ländchen）和"奥尔扎河流域"（Olsa-Gebiet）地区的难民提供住所，由于这些地区按照《凡尔赛和约》规定划入捷克斯洛伐克，许多属于波兰少数民族的人口因此纷纷出逃。难民们在原来的"萨克森过客"营地建起了一个带有学校、小教堂、剧场、运动协会和安保队的村庄，由此形成了一片自治的城市区域，因此也被称作"新城"（除老城与火车站区之外的）或"奥斯维辛第三区"。另一部分棚户区则被长期租借给国家烟草垄断企业，但其中绝大部分产品被波兰军方征用。"萨克森过客"营地时代的遗存只剩下劳动局，它直到20世纪30年代还在棚户区保留有一间办公室。

随着一战结束后爆发的边界争端加深，1921年3月在协约国政府及公投委员会的监管下举行了涉及上西里西亚领土归属的公民投票。虽然奥斯维辛并不位于公投地区，但由于距离争议地区很近而同样卷入了这场边界争端。在1919—1921年爆发的三次西里西亚起义[①]中，奥斯维辛这座在战争中就成为倡议民族主义与爱国主义中心的城市，成为波兰武装团体的前哨。

当1921年10月国联罔顾公投结果决定分裂上西里西亚，将其包括绝大部分工业地区在内五分之三的土地划给波兰时，波兰的边界得以向西继续推进。这块过去属于普鲁士的上西里西亚，现在被分离出去归属波兰的土地，从此在德语中被称为"上西里西亚东部地区"

---

① 三次西里西亚起义是1919—1921年位于德国境内上西里西亚的波兰人自发组织的武装起义，目的是使上西里西亚并入波兰。

(Ostoberschlesien)——这明确表明德国对于这一地区的领土要求继续存在。而作为波兰克拉科夫省最西面城市的奥斯维辛，直到第二次世界大战爆发，都作为波兰军队的驻扎地及同名地区的行政中心，具备重要意义。

与整个波兰的情况一样，在二战爆发前的数年间奥斯维辛笼罩在社会贫困与恶劣经济形势的阴影下。虽然天主教徒与犹太人之间的和平共处变得日益艰难，但这一共存关系尚未被打破。尽管如此，犹太人仍能觉察出对他们的限制：索瓦河畔的浴场禁止他们进入，而城市公园也向他们关闭了大门。犹太手工艺人只能拿到很少的订单，他们中的许多人因此失业。直到德国军队入侵波兰前，城中犹太人的人数有所增加，但他们中有约50%的人口住在"犹太贫民窟"的加利西亚西部，而且相较其他聚居区这一比例甚大。按照1939年9月奥斯维辛人口统计显示，1.4万名居民中有约7千至8千名犹太人。

1939 年战争爆发

纳粹占领计划的核心是要夺取"东部生存空间"。阿道夫·希特勒筹划为德国建立一份新的百年基业，并为巩固德意志民族而积蓄力量。早在1925年,他就在《我的奋斗》中预告了自己的生存空间政策和咄咄逼人的进攻计划,并宣称接收"东部"无异于合法继承一份遗产,它本来就是德国的。

1939年春,希特勒曾考虑在"反布尔什维克战争"中利用波兰反对苏联,并将其纳入德国领导下的卫星国体系。然而,当1939年4月波兰表示并不准备接受这一角色时,他悍然撕毁了五年前签订的《德波互不侵犯条约》。波兰从此由潜在盟友沦为德国追求扩张的道路上必须摧毁的障碍,希特勒的政策也转变为无情的侵略与史无前例的残暴。被占领后的波兰在政治上遭到了毁灭性打击,并从此成为德军进攻苏联的集结地。

纳粹"日耳曼化政策"的种族主义歧视与灭绝措施与中世纪的东部定居有着本质上的差异。这一以反斯拉夫主义与东部帝国主义为基础的"德意志化"与纳粹世界观中的种族主义信条及反犹主义核心观念密切相连,旨在无情摧毁一切既有的事物。其政策的重点在于伴随着同时驱逐和压迫当地居民,实现德意志人的安居乐业。第三帝国利用"日耳曼化"这一早在帝制时代就深受合法化"东部帝国主义"影响的概念,将其政策解释为在种族主义意识形态上有理有据的一项核心政治目标:为夺取"雅利安种族"胜利而进行人口重组。在纳粹"欧洲新秩序"框架下,"日耳曼化"意味着肆无忌惮地"换种",即计划采取激进手段剥夺其他民族的独立身份,并无情驱逐当地居民。

1939年8月23日,希特勒和斯大林在签订的第四次瓜分独立国家波兰的秘密协议①中以纳雷夫河、维斯瓦河和桑河为界确定了各自的势力范围,一半的波兰领土连带2200万人口落入德国之手,另外1300万人口则被置于苏联的控制之下。随后,德国通过突袭占领了这个拥有欧洲最多犹太人口的国家:310万居民为犹太人,占到波兰总人口的10%左右。约170万生活在德国的势力范围,约120万则在苏联的势力范围。

紧邻边界的奥斯维辛距离格莱维茨(Gleiwitz)②不远,1939年9月1日的前一晚,一支党卫队突击队在那里策划了"开战借口",就在开战的第一天,德国空军便通过轰炸拿下了奥斯维辛。被德国人认为具有重要战略意义的火车站及波兰军队的兵营,第五炮兵团和步兵大队均遭到了打击。同一天,波兰士兵集结开拔,并

---

① 指《苏德互不侵犯条约》的密约部分。

② 按照1921年的国联决议,格莱维茨仍属于上西里西亚的德国部分。1945年被划归波兰,今称格利维采(Gliwice)。

将驻地转移到（奥斯维辛以东）70千米处的克拉科夫。许多平民也仓促逃亡。

首先是犹太人在9月的第一天逃离了这座城市。他们或坐马车或徒步穿行在通往克拉科夫路况糟糕的街道上，大多数人在经过长途跋涉到达克拉科夫之后住进了临时住处。一部分人则继续前往塔尔诺夫（Tarnów）和伦贝格，他们有些逃往罗马尼亚边境，另一些则逃向波兰与苏联接壤的地方。但就在几天之后，那些原本待在克拉科夫城的犹太人却重新踏上了回归之路，因为德国国防军于9月6日进入了克拉科夫城。由于一路逃亡身心俱疲，加上心存"待在家里会好些"的希望，他们选择了回家。

此时，德国第十四集团军在上将威廉·李斯特（Wilhelm List，1880—1971）的命令下继续前进，而跟在国防军后面的则是在党卫队地区由总队长乌多·冯·沃伊尔施（Udo von Woyrsch，1895—1983）领导下前往奥斯维辛的 z. b. V.①突击部队。由于上西里西亚工业区内波兰人的抵抗日益频繁，希姆莱（Heinrich Himmler，1900—1945）于9月3日晚间急电召集这支部队前往。在奥斯维辛，一支波兰军团破坏了德军的行进路线，

——————
① 即"执行特别任务"的德文缩写。

并成功炸毁了最重要的连接通道——横跨索瓦河的大桥。德国占领者不得不在 9 月 4 日占领这座城市之前，先修建一座临时的跨河木桥。

但仅仅一周之后，集市广场便改称为"阿道夫·希特勒广场"，这座城市重新被命名为"奥斯维辛"（Auschwitz）。虽然街道、桥梁和广场被迅速赋予了德语名字，但长达数周仍未尘埃落定的问题则是，究竟奥斯维辛应该划归正在加速合并的所谓"上西里西亚东部地区"，还是划归当时还在计划中的"贝斯基德帝国大区"（Reichgau Beskidenland），又或是划归国家尚未正式定名的总督区？一直到 1939 年 10 月 26 日，由当时的第三帝国内政部边界委员会起草，确定德国边界的规定正式生效，才最终决定奥斯维辛划入上西里西亚东部，并因此属于德国。

但与其说希特勒大张旗鼓地瓜分波兰领土是为了最终明确德国对东部的主张，不如说是他希望对所占领的土地——上西里西亚东部、但泽－西普鲁士、瓦尔特兰和东普鲁士——进行"日耳曼化"，并尽可能加速推动对波兰其他地区的经济剥削。边界委员会为了建立一套全新的空间与经济秩序，从军事、经济和交通技术方面着手将领土整合到一起。毫无争议的超过 9 万平方千米的前波兰领土被纳入帝国，其中包括五分之四的波兰工业及约 1 千万居民，由此并入德国的地区远远超过其在第一次世界大战结束后宣称的领土。

德国占领波兰西部对奥斯维辛构成的直接影响：这座城市属于了德意志帝国，而不是如通常所述的那样，位于地理位置界定模糊不清的德意志东部地区。换言之，第三帝国最大的灭绝机构（还包括位于瓦尔特高的海乌姆诺灭绝营）坐落在了德国土地上；除此之外，它还直接成为一座很快"德国化"的城市。

然而，按照纳粹的种族观点，领土占领之际居住在奥斯维辛——从此隶属新成立卡托维茨行政区下辖的别尔斯克县——的居民，无人能被视为德国人。这一事实令制定执行"人口政策"任务的德国民政部门及党卫队在划分任务范围时豁然开朗。在被占领的西波兰地区随处可见、以暴力手段有计划推动的"日耳曼化政策"被拔高到与中世纪的东部定居运动相提并论的地位，成为占领者的意识形态纲领。

西波兰领土应尽快调整为一处人口政策"清明"、种族同质化，同时结合经济和社会重组的基本措施，具备经济生产能力的地区。此项计划力求在建立德国行政体系的同时实现"具有种族价值的德国人"的定居，目标是驱逐一切犹太人及大部分的波兰人（即当地非犹太族的居民），并在严格隔离剩余波兰人的情况下，"安置"德意志人。

党卫队兼德国盖世太保（"国家秘密警察"Geheime Staats Polizei，德语缩写 Gestapo 的音译）头子海因里希·希姆莱，在 1939 年 10 月初接受强化德意志民族性国家专员的新任命时，还被希特勒赋予广泛的额外权限，以推动西波兰地区的德国人及德意志人定居，同时重新安置"种族价值低劣"的当地居民。奥斯维辛本应在希姆莱计划的第一个重新安置方案期间就成为南蒂罗尔德意志人的政治、经济和文化中心。然而这些方案并未落实，原因是在战胜法国之后，希姆莱更偏向于将勃艮第作为南蒂罗尔人的新定居区，此后下施泰尔马克（Untersteiermark）和克里米亚也被纳入讨论。

但这期间在奥斯维辛周边地区产生的情况是，"德意志化"进程并不如人们预期的那样顺利。卡托维茨行政区所在的整个"东部地带"——其中也包括奥斯维辛，因为几乎全部都是犹太和波兰居民，因此难以"归化为德意志人"。因此尽管定居方案的战略家一致同意，但这一地区并不适合作为德意志人的"起点"。但由于该行政区下辖县的西部被新建的所谓警察边界（这是一座有人把守的德界墙）一分为二，"东部地带"就此在领土法上具备二等地位。这一地区（至少因此暂时）避免"日耳曼化"。这对奥斯维辛的居民而言至关重要，因为首先他们得以幸免被驱逐。

正是由于"东部地带"的地位使然，奥斯维辛成为因卡托维茨行政区西部地区加速"德意志化"而遭驱逐的犹太人的聚集地，他们的人数持续增加。奉德国之命成立的犹太长老会因此不得不为这些人提供食宿，然而很快就面临几乎无解的难题。1940 年春，奥斯维辛成长为"东部地带"最大的犹太人社区之一。大批犹太人挤住在老城的小巷子里，与其他居民隔离开来，并由德国警卫严密把守。

如今在奥斯维辛安家落户的德国人中，既有公务员，也有商人和受托管理被剥夺财产的犹太和波兰企业的管理人。迁往被占领东部地区为许多生活在德国木土（即1937 年之前德国边界内的）所谓帝国德意志人提供了形形色色社会地位上升的机会。腐败与冷酷无情迅速成为征服者的行动模式。对战争的狂热，对取得胜利的信心，以及开拓者的信念瓦解了道德，追求个人致富成为东部德国人的普遍法则。

第二章
集中营

纳粹集中营体系中的奥斯维辛

1940 年，希姆莱将目光投向了奥斯维辛。这位党卫队头子正在寻找合适的地方，以便在各个边境地区设立关押政敌的集中营。这座曾经的"萨克森过客"营地是埃里希·冯·巴赫 – 策勒维斯基（Erich von dem Bach-Zelewski，1899—1972）从其党卫队东南分部向柏林报告的三个可能地点之一，其他党卫队及警察部门的高级官员则从中进行进一步的建议。但位于奥斯维辛的这块场地起初并不符合党卫队专家们的理想设定：房屋和板房已经倒塌，并且由于地处疟疾肆虐的泄洪地带，地下水也被污染了。因此调查组在经过了整整三轮考察之后，最终才于 1940 年 4 月作出决定。虽然缺乏所有设施，但调查委员会仍认为这里具备如下优势：这一地区已进行过基础建设开发，坐落于铁路枢纽上，但又易与外部隔绝。附近卡托维茨人满为患的监狱是否对这一选址构成重要影响则并无从查证，希姆莱在 1940 年 4 月 27 日发布所谓建设命令时也没有将这一点考虑进去，而集中营调查员似乎对这些地区性问题并不感兴趣。但事实上，在长达数周的计划之后，可能也不需要一个详细的建设命令。

参与集中营建设的首批受害者是约 1200 名来自赫鲁钦地方的波兰失业难民，他们原本住在附近，现在则被驱赶从事劳作。此外，党卫队还迫使奥斯维辛的犹太长老会招募了约 300 名从事建筑作业的犹太人。在集中营建设和扩建的过程中有超过 500 家来自全德各地的大小企业从中发挥作用，而随着时间流逝则总共有约两千家参与其中：涉及地上与地下建筑、安装与运输的所有类别。这些企业与党卫队合作，将原材料和熟练工人运往奥斯维辛。

奥斯维辛是继达豪（Dachau）、萨克森豪森（Sachsenhausen）、布痕瓦尔德（Buchenwald）、弗洛森比格（Flossenbürg）、毛特豪森（Mauthausen）及拉文斯布吕克（Ravensbrück）妇女集中营之后的第七座集中营。而在其他边境地区，例如东北部及北部、西部和东南部，几乎在同一时期还形成了其他一些集中营：已于 1939 年 9 月投建、位于但泽附近关押平民的斯图霍夫（Sutthof）监狱；1940 年 6 月，位于汉堡附近的诺伊加默（Neuengamme）集中营和阿尔萨斯的纳茨魏勒（Natzweiler）集中营；以及 1940 年 8 月，位于西里西亚德国领土内的大罗森（Groß-Rosen）集中营，它最初是作为萨克森豪森的附属营，后来才成为独立的集中营。

奥斯维辛党卫队级别最高的是指挥官鲁道夫·霍斯（Rudolf Höß，1900—1947），他于 1940 年 5 月 4 日被希姆莱任命为这座新建集中营的领导者。霍斯曾担任过达豪管理棚区的监区队长和萨克森豪森保护性拘留营的指挥，因此带来了丰富的集中营管理经验。1940 年春，他率领调查委员会前往奥斯维辛验收工程。被镌刻在奥斯维辛大门口的标语"劳动使人自由"（Arbeit macht frei）可能就是出自于他的提议。同样的文字也醒目地出现在达豪、萨克森豪森以及弗洛森比格和拉文斯布吕克拘留营的入口处。尽管这句箴言早在 19 世纪末就流传于民间民族主义者的小圈子中，但对于囚犯而言不啻

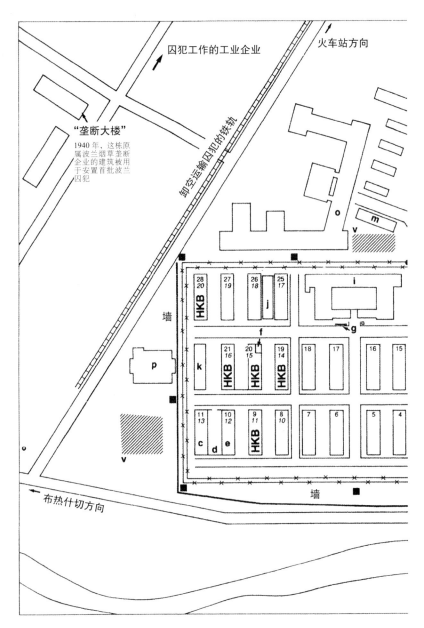

囚犯工作的工业企业

火车站方向

卸空运输囚犯的铁轨

"垄断大楼"

1940年，这栋原属波兰烟草垄断企业的建筑被用于安置首批波兰囚犯

墙

布热什切方向

墙

22

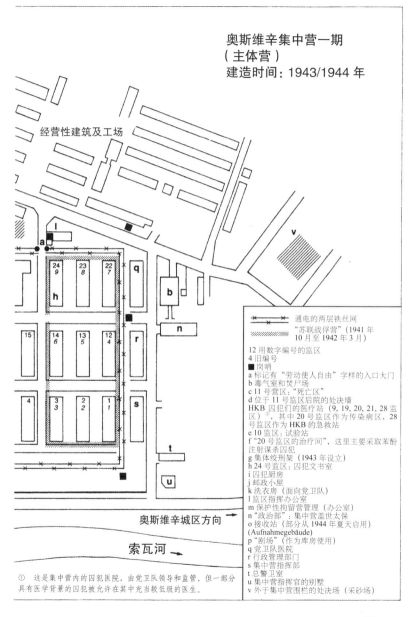

奥斯维辛集中营一期
（主体营）
建造时间：1943/1944 年

经营性建筑及工场

通电的两层铁丝网

"苏联战俘营"（1941 年
10 月至 1942 年 3 月）

12 用数字编号的监区
4 旧编号
■ 岗哨
a 标记有"劳动使人自由"字样的入口大门
b 毒气室和焚尸场
c 11 号营区："死亡区"
d 位于 11 号监区后院的处决墙
HKB 囚犯们的医疗站（9, 19, 20, 21, 28 监区）①，其中 20 号监区作为传染病区，28 号监区作为 HKB 的急救站
e 10 监区：试验站
f "20 号监区的治疗间"，这里主要采取苯酚注射谋杀囚犯
g 集体绞刑架（1943 年设立）
h 24 号监区：囚犯文书室
i 囚犯厨房
j 邮政小屋
k 洗衣房（面向党卫队）
l 监区指挥办公室
m 保护性拘留营管理（办公室）
n "政治部"：集中营盖世太保
o 接收站（部分从 1944 年夏天启用）
(Aufnahmegebäude)
p "剧场"（作为库房使用）
q 党卫队医院
r 行政管理部门
s 集中营指挥部
t 总警卫室
u 集中营指挥官的别墅
v 外于集中营围栏的处决场（采砂场）

奥斯维辛城区方向 ➡

索瓦河 ➡

① 这是集中营内的囚犯医院，由党卫队领导和监管，但一部分具有医学背景的囚犯被允许在其中充当较低级的医生。

23

是一种赤裸裸的挖苦，因为纳粹集中营里的强制劳动意味着剥削、殴打、刁难与死亡。

由指挥官霍斯指挥的党卫队看守团体负责集中营的警戒和内部事务的管理，指挥部共有六个部门由其领导。所有集中营都是这样的统一组织，并直到战争结束都完全没有任何改变：一部（Abteilung I）为集中营指挥官副官办公室，主管党卫队人事、文书传递和武装部队的装备；二部（Abteilung II）为政治部，为盖世太保和刑事警察驻在集中营的代表，由地方盖世太保机关——尤其是由战争爆发之初建立的帝国安全总局领导，主管囚犯审讯；三部（Abteilung III）则负责领导保护性拘留营和劳动突击队，第一拘留营长官代表指挥官行使职责，负责指挥拘留营、强制劳动、汇报工作及管理棚区的党卫队士官；四部（Abteilung IV）为行政管理部；五部（Abteilung V）为包括医疗人员在内的驻地医疗部；六部（Abteilung VI）主管党卫队的福利、教育和部队文化生活。党卫队中央工程管理部虽然算在党卫队占领部队系统内，但其中少数党卫队部队物料库①及其经营农业经济被纳入了集中营管理体系。

---

① 德语为"Truppenwirtschaftslager"，是指党卫队存放用于维持其部队驻地及集中营运作所需物资的仓库。

24

至 1940 年底，奥斯维辛集中营的施工现场规模已相当庞大，以至于在首个总体建设规划中必须区分出保护性拘留营、工业区、手工工场、营房区、部队物料库、党卫队生活区和农业区。一片接一片的土地被纳入集中营的领地中，迅速膨胀的区域令党卫队很快就占领了所有的村庄、树林、池塘与农田，最终形成了占地约 40 平方千米的所谓"党卫队利益区"。党卫队守卫设置了大小两条警戒线——小警戒线围绕集中营区，大警戒线则是环绕党卫队利益区的封锁带，封锁带上分布着警示牌、水泥墙、哨塔和两排通电铁丝网，夜间时灯火通明。

囚犯

迟至 1940 年 6 月——也可能在此之前的几周内，奥斯维辛就作为检查站及转运营投入使用。如潮水般涌来的囚犯在这里被"重新分类"，分成不同的小组，重新编队，并在经过一定时间的隔离后被运往其他集中营。但很快奥斯维辛就确定下来将成为永久性的监禁场所。728 名在集中营"成立日"运来的波兰囚犯来自克拉科夫附近的塔尔诺夫监狱，他们主要是文理中学学生、大学生及军人；另外 313 名来自波兰总督区新维斯尼茨监狱的囚犯于六天后到达；分别装载 1666 名和 1705 名囚犯的大型运输队则在 1940 年 8 月和 9 月从华沙运抵。起初，几乎所有的囚犯都参与了集中营的建设，但由于摇摇欲坠的建筑物状态及建材的短缺，工期比原计划拖延了很长时间。

在纳粹的权力影响范围内，没有任何一个地方像奥斯维辛那样屠杀过如此众多的人口，但这座集中营最初根本不是屠杀欧洲犹太人的中心。奥斯维辛是为关押波兰政治犯而设立的监狱。在纳粹集中营体系中，它首先作为隔离和惩戒政敌的强制机关之一——这座集中营仅可容纳 1 万名囚犯（而其他集中营在战争爆发之初约为 2.5 万名），这是根据占领者被占领的波兰大量逮捕政治敌人计算得来的。

在最初的阶段，犹太人并不占集中营囚犯的多数；遭遇迫害和肆意凌辱更多的是前波兰政党与社团组织的成员、知识分子以及潜在的反纳粹抵抗分子——尤其是教师、科学家、神职人员和医生。一开始被逮捕的犹太人也大多出于政治原因，其人数直到 1941 年中期前后——即所谓奥斯维辛集中营历史上的波兰阶段，始终维持在一个相对较低的水平。囚犯在这个时期也尚未遭遇系统性屠杀，他们大多死于饥饿、凌辱、无法负荷的劳动条件；此外，还会动辄被党卫队鞭打致死，绞死或是射杀。

尽管可以大致描绘出囚犯们被接收的过程、他们的生活环境以及首次集中营体验，但遭暴力和蛮横对待的囚犯们的日常生活与行为却很难被呈现出来；他们所面临的适应性压力也完全无法被传递出来，因为集中营内的条件经常发生变化。此外，囚犯个人的内心痛苦也根本无法用语言表达。

伴随抵达而至的是人格侮辱的开始。满载囚犯的载重卡车直接驶达营地大门；党卫队则用较小的运输车在两千米开外的火车站接人。之后火车停靠在火车站的一根副轨上，那里有一个专门的装卸平台，可以直达集中营。在登记处，每一个犯人会得到一个号码，这个号码从此代替了他们的名字。犯人们必须脱光衣服，将头上和身上的毛发都剃光，然后冲洗干净。但他们的衣服换来的却是用粗斜纹布制成的条纹囚服：一套薄的夏天穿，一套略厚但完全不保暖的冬天穿。此外，他们还会得到一双粗笨的木屐。经过警察例行检查后，他们被一一照相。但由于物资短缺，党卫队后来只给帝国德意志人照相。

一块带有囚犯编号和一个被称为"角"的三角形标志——它用颜色标示出囚犯的不同类别（自1937—

1938 年起所有的集中营统一使用）——的小布片，尖角朝下缝在外套的左胸位置以及右裤腿边缝处。红色的角表示因政治原因遭到监禁；绿色的角则是所谓的刑事犯，也包括那些遭到"预防性有期监禁"的囚犯，在集中营术语中被称为"职业罪犯"；黑色代表"反社会分子"，指妓女以及辛提人和罗姆人；紫色的角则是"耶和华见证人"教派的信众，他们被叫作"圣经研究者"；粉色是同性恋者；蓝色代表移民；而黄色则是犹太人，他们从各自的国籍独立出来形成了一个专门的类别。角上的字母代表非犹太人的国籍，例如"P"意味着波兰人；大多属于"刑事犯"类别的帝国德意志人则无须标记字母；但犹太人则必须在黄色标记外再缝上一个标示其监禁理由的另一种颜色的"角"，如此一来他们衣服上类似大卫星的标记就尤为醒目；但从 1944 年起则用一条黄色布条替代原来的三角形。

因犯等级按照种族规则划分：只有帝国德意志人才被归入"受优待的犯人"，属于注定享有各种好处的类别。受到优待的犯人，即"BV"（"受优待"的德语缩写。——译者注），是集中营里的"知名人士"，他们可以在党卫队的监视下穿上平民的衣服在集中营场地以外的地方散步，可以洗头并佩戴手表。紧随帝国德意志人其后的则

28

是其他国家的非犹太囚犯。他们的地位随着服刑时间的增长而提高：一名犯人在集中营里幸存的时间越长（可以根据编号数字大小加以辨认），他们的处境就越有利；对于党卫队体系来说也是如此。最末位便是犹太人，直到 1943—1944 年——当时已不再输送"雅利安"集中营囚犯，犹太人在集中营内部等级中的位置仍没有变化。

佩戴一个大号的"E"而非三角的囚犯则被称为"劳动教养犯"，他们从 1941 年中起被发配往奥斯维辛，并被安置住在分开设立、由劳动营改建而来的区域。首先被划入这一类别的是来自卡托维茨行政区的波兰人，他们大多因"缺乏劳动道德"而入狱。奥斯维辛共有约 1.2 万名劳动教养犯，其中包括两千名女性。由于劳动教养犯在全国范围内隶属盖世太保管辖，因此才会在集中营设立政治部。尽管这部分人的官方监禁期限为 42—56 天，但实际上经常持续三到六个月不等。他们一旦刑满释放，则被允许回家但仍有义务保持沉默，然而很多人根本就无法在监禁期幸存下来。

对于每个囚犯来说，在被运往集中营后紧接着就是所谓的"隔离期"，这意味着隔离、刁难以及可怕的致命操练。在侮辱性的谩骂声中列队站上几个小时并进行操练，如果有人表现得太过虚弱，就会遭到党卫队的惩罚：拳打脚踢，兜头浇冷水以及高强度的劳动。许多人因身体孱弱和不堪忍受羞辱而选择了自我了断。但只要熬过了第一个星期，就有希望在劳动队中得到稍好一点的待遇。然而这也只是一时的错觉，因为囚犯们每天必须从事至少 10 小时的强制劳动，起初是从事集中营建设，后来则为德国工业企业工作。

囚犯们在清晨（夏天是四点半，冬天则延迟一小时）被叫醒后迅速洗漱完毕，便跑去出早操。劳动队经常是在强迫演奏的囚犯乐队的乐声伴奏下走出营地，几乎无人幸存的劳动队当属建筑工地、采矿场和伐木场。晚上常常还要继续操练数小时，特别是当白天有人死去的话，因此原本为新一天 9 小时工作积蓄体力的睡眠就会被推迟至午夜。

针对像按错按钮、不合适的一瞥或是肮脏的食盆一类"违纪行为"的惩罚五花八门：鞭刑、惩戒性的操练、禁闭。严格禁闭意味着被关在禁闭室中，期间只提供水和面包；也可能是被幽闭于只能容一人站立的黑暗小隔间里。此外还有被绑在木桩上、高举双臂。最可怕的一种惩罚是针对诸如有逃跑企图的犯人，便是被编入惩罚队从事土方和建筑作业，因为几乎没有人能活下来。惩罚队的犯人被加上特别标记：除了彩色三角形外在他们的衣服上还有一个黑色的点；企图"越狱"者则必须佩戴红点及字母"iL"（意为"在监"。——译者注）。

在不用劳动的星期天，囚犯们被允许给自己家人写信。他们必须在集中营食堂用德国马克购买一个事先印制好的信封和邮票。尽管他们可以从亲人那里收到一些小额现金（后来还包括食物包裹），但他们却无法持有这些钱，而是不得不在交易市场上用纸币和马克换取面包。配给的面包还能用来换取狱友的帮助，例如按照要求用德语写信。党卫队会对信件进行审查，删除其中不合适的段落或者用其他方式使之无法阅读。但有一句话绝不能缺少："我很健康，我很好。"（Ich bin gesund, es geht mir gut.）

囚犯们的生活条件极其恶劣。一大堆人挤睡在一起，一开始是睡在草褥子和地上。数千人只有两个水龙头用于盥洗，一个茅坑解决大小便问题。直到1941年2月才建立起公共卫生设施：每个囚犯棚区设立一个厕所和一个盥洗槽。在搭起的木板床后，6名以上的囚犯共用一个三层床铺。早上是无糖的代咖啡或草药茶；中午是用芜菁、土豆或小米渣煮的没有肉的清汤；晚饭有面包，但大多又干又硬，并且常常是发了霉的，即便如此还必须留一些作为第二天的早饭。食物供给不足的后果则是

体力下降甚至衰竭以及疾病缠身。那些骨瘦如柴到无法
存活下去，只能吃些食物残渣、土豆皮或腐烂萝卜的人，
用集中营的行话来说是"穆泽曼"（Muselmann）[①]，其
他人唯恐避之不及。

无论是在奥斯维辛，还是其他地方，集中营犯人们
都无法形成一个同质的"囚犯共同体"，他们不仅民族成
分、社会、政治和宗教背景大相径庭。并且由于各种各
样的暴力对待以及一旦被交给党卫队后要付出的代价，
再加上那一点微不足道的活动空间，使得囚犯相互间常
常存在竞争关系。他们的日常生活受到集中营内艰难复
杂的关系影响，不成文的法则调整着内部的权力结构。

所谓的"囚犯自治体"是一个由党卫队在背后操控，
由阴险的上位规则和下位规则组成的独裁体系，它所做
的一件额外的事情，便是挑拨起囚犯之间的对立。能够
担任集中营及棚区长老、内务、棚区书记员、"牢头"
（Kapo）和"协管"（Kommandierte）[②]的大多是从事职

[①]　在集中营中，"穆泽曼"特指极度病弱的囚犯，但该词
的确切起源，至今学界尚未有定论，故译者以音译代之。

[②]　"牢头"是指在集中营中监视其他囚犯、分配及管理其
劳动的囚犯，他们甚至可以处罚后者。从这个意义上来说，绝大
多数的"牢头"充当了党卫队在集中营的帮凶，仅有极少部分人
利用其地位掩护和组织抵抗运动。而"协管"则比"牢头"低一级，

能工作的"雅利安"犯人，他们构成了所谓的集中营"大人物"。他们的任务是监视其他犯人，并按照党卫队的要求组织一种无摩擦的日常生活运作。只有少数人才会利用自己的地位帮助狱友。这些"职能"犯享有特权，他们几乎不会被暴力对待和刁难威胁，并且比其他人拥有更好的住处和照顾。一个在党卫队监控下的集中营统治集团就此产生，在奥斯维辛，这一等级主要由帝国德意志囚犯长期把持。他们是作为"预防性有期监禁"遭到逮捕的，在集中营早期阶段就占据了这些很抢手的职位。

1940 年 7 月 6 日，来自塔尔诺夫的塔德乌什·维约斯基（Tadeusz Wiejowski，1914—1941）成为首名逃亡的囚犯。他可能是从集中营的边门溜了出去，直奔火车站方向，扒上一辆货运列车后逃脱。[①]集中营周围的波兰人民旋即被怀疑为其逃亡提供帮助，原因是一家建筑公司的波兰民工曾帮助过维约斯基。因此当地居民遭到了长达数周的报复。他们的房屋被拆毁，居民被押解入德国境内进行强制劳动。

平民工人是囚犯与外部世界保持联系的最重要一环，

是负责协助后者管理囚犯的职能犯人。

① 然而不幸的是，1941 年底，已经藏匿起来的维约斯基在波兰东南部的亚斯沃再次被捕，并遭处决。

有一段时间内，他们在集中营中的人数超过了 1000 人，从事泥瓦、安装、疏浚工作及充当工头。专门的证明材料和标示有各公司名称及人员编号的绿色臂章证明着他们的身份。在他们的帮助下，信件被成功带出，许多囚犯成功出逃。三分之二的逃亡企图发生在 1943—1944 年集中营大扩建期间。没有一座集中营的逃跑人数能和奥斯维辛相提并论。而在这些企图逃跑的人中，一半是波兰人。在总计不少于 80 起各类国籍犯人（757 名男性和 45 女性）的逃亡案例中，经证实有 144 人成功逃脱；但其他多数逃亡者则被抓获，许多人因此被处决。

只要有一名囚犯逃跑，整个集中营都会被要求惩罚性集合，同时卡托维茨当地的警察机器投入包括党卫队摩托化部队及配备训练有素警犬的警察在内的一切力量展开搜捕。党卫队在距离集中营营地数百米开外的地方设置包围圈，夜以继日地张开追捕大网。如果囚犯在逃亡后被捕，等待他的便是处决；而每次与逃亡者同一个劳动队的 10—12 名囚犯也必须共同承担连带责任，他们或被威胁全体送去惩罚劳动队，或就地处决。因为提供逃亡帮助而遭逮捕的波兰平民，会被立即送进集中营；如果抓不到本人，党卫队则逮捕其家属。

尽管面临如此严厉的惩罚，集中营囚犯依然期望得到波兰人民的援助。离开集中营在奥斯维辛城内从事测绘、道路铺设、河道疏浚、房屋拆除以及得到许可的圣母访亲修会修道院的细木工坊工作的犯人们，成功与外界建立联系。当地老百姓偷偷将面包、药品、金钱、换洗衣物和报纸塞给犯人，信件被私相传递，因此有关集中营里罪行的报道流传开来。

救援行动在奥斯维辛、布热什切及其他一些周边地区扩展成为一个有组织的网络，由政治抵抗组织领导，奥斯维辛城里的天主教区"圣母升天"（Mariä Himmelfahrt）在其中发挥着重要作用。帮助囚犯是一种大众对于占领当局的抵抗。在集中营统治机器的眼皮底下，数百人加入爱国主义的救援行动——他们常常因此献出自己的生命。这些救助首先是个人行为，接着整个家庭参与进来，并很快形成团体，这其中也有武装斗争组织（后来的"国民军"①）、农民党、波兰社会党、保守农民军团（这是一个由农民组成的自由组织）、波兰共产主义工人党、童子军以及人民军的地区指挥部。

由于形势严峻，这些行动的能量就显得尤为惊人。

---

① 国民军（Armia Krajowa）是纳粹德国占领波兰期间进行抵抗运动的一支武装力量，是当时波兰境内规模最大的地下抵抗组织。

不同于总督区，并入（德国的）东部领土得以避免严酷的"德意志政策"。然而，波兰行政结构虽被保留下来，但几乎没有波兰人担任低级公务员。在这种背景下，奥斯维辛抵抗组织的活动就变得尤其醒目。虽然这些组织直到战争结束都没有机会发动武装反抗，但他们的斗争依然十分重要，它们表明波兰人民尽管身处一个占领者采取极端控制与惩戒手段的地区，尽管面临最危险的条件，也不可能被同化。

虽然党卫队的恐怖统治始终存在，但在集中营内依然开展起有组织的抵抗运动，首先是在信仰社会主义与民族主义的波兰囚犯中间，1942 年初产生一个统一组织。随着运抵集中营的人数不断增加，集中营内部的抵抗运动也派生出越来越多按照不同国籍与宗教信仰划分的分支团体，它们主要由社会党人和共产党人领导。法国人、南斯拉夫人、奥地利人、俄国人、捷克人和犹太人在这个人口密度不断增加的集中营里各自组成了自己的秘密社团，它们起初相互独立，但随后便开始寻求合作。1943 年 5 月产生了称为"奥斯维辛战斗小组"（Kampfgruppe Auschwitz）的团体，最为重要的是集合在赫尔曼·朗拜因（Hermann Langbein，1912—1995）的领导下。朗拜因来自维也纳，是一位参加过西班牙内战的战士，他于 1942 年 8 月被送进奥斯维辛。从小组、到团体，再到派别，一一产生。抵抗团体的成员还逐渐在集中营统治集团中占据一席之地，其中包括指挥部与政治部办公室、囚犯文书室、劳动突击队和囚犯医疗站的职位。各种形式的自救行动就此展开，获取食物和许可、组织逃亡、领导破坏活动、与外界建立联系：因此，党卫队的文件材料或相关副本被成功送出去，从而记录下集中营中的罪行。

从 1942 年春开始，囚犯团体便密谋发动一场武装起义，然而波兰地下抵抗运动对此发出警告：鉴于德国当时的优势地位，根本无从想象能获得来自盟国方面的支援。尽管一场有组织的集体暴动最终未能付诸实施，但因直接面临死亡威胁而爆发的随机行动及准备仓促的起义企图则不可避免。尽管它们均遭到了残酷镇压，却证明了一点，面对党卫队的暴行，囚犯们并不愿意逆来顺受。

集中营党卫队

集中营的首批看守来自于驻扎在克拉科夫的党卫队部队，但很快他们在奥斯维辛的工作就由来自布痕瓦尔德及其他集中营训练有素的部队所接替。党卫队官兵起初被安置在兵营和学校内，但为了安置这些人，房屋以及城内整条整条的街道逐步被没收。1941年3月，党卫队看守部队的人员仅有约700人，至1942年6月时已经翻番将近三倍。1944年8月集中营大转移开始后，奥斯维辛有超过3300名人员在那里工作。就在转移接近尾声时，1945年1月，党卫队人员数量达到最高点的4500名。直到战争结束时共有约7千名党卫队成员在这座集中营工作过，其中有200名女性充当看守、接线生以受过医学训练的党卫队护士。不同于男性，女性不得佩戴党卫队军衔，也得不到任何战争嘉奖；并且办公室文员也并非党卫队成员。对于集中营的人事构成而言，年龄、受教育程度和出身的非均质性与人员流动一样突出。在集中营存在的近五年时间里看守们平均轮换了两次。

位于奥斯维辛党卫队住宅区很快就扩大为一个独立城区。在这个按照现代式样建设的区域内，生活条件舒适便利：有一家咖啡馆、一座游泳池、一座图书馆，还有幼儿园、学校、诊所和执业牙医。由集中营驻地医疗部提供的医疗保障在党卫队及其家属中享有很高声誉。党卫队医生领导着一个常驻野战医院，"家庭医生"按照"家庭问诊时间"进行预约。许多新娘和带孩子的妻子追随丈夫前往奥斯维辛。党卫队家庭驱使集中营中的囚犯充当家仆，从事家务和庭院劳动。移居人口因此迅速增长，以致集中营指挥官拒绝继续建造更多的房屋。甚至为了控制这一发展趋势，霍斯还下令：非特别许可不得探访。

鲁道夫·霍斯则和他的妻子海德维希（Hedwig Höß）、四个孩子（第五个孩子1943年降生）则居住在距离集中营营地仅数百米远的一栋房屋内，它曾经属于波兰军事基地长官的住所。作为党卫队住宅区等级体系里的"第一家庭"，霍斯一家的生活条件极为舒适。由于指挥官可以秘密动用集中营的储备而无需支付费用，他们家并不受整个地区陷入经济困境的影响。

奥斯维辛还为党卫队官兵提供了丰富多彩的文化活动以放松心情。肤浅的娱乐节目，助兴的音乐以及欢快的聚会提供着种种打发时间的消遣。在位于营区内的老剧院大楼内，每隔3—4周就会举行所谓的部队慰问演出。集中营指挥官自掏腰包购置了一架演出用的三角钢琴。来自西里西亚和帝国境内许多城市的戏剧团在此为党卫队演出，演出的节目涵盖了从所谓的盗贼喜剧到轻浮搞笑的滑稽剧（诸如《秘密的新婚旅行》《被搅和的新婚之夜》），再到"滑稽杂耍"和以"诙谐进攻"为题的晚会。奥斯维辛当然也不缺乏德国古典戏剧的演出：
1943 年 2 月，德累斯顿国家剧院在此表演了名为《歌
德的前世今生》的节目。

位于车站广场的"德国之家"是最受党卫队欢迎的
地方，它坐落于车站的正对面，并明确表示只面向德国
人开放，从 1941 年初起被称为"武装党卫队之家"。它
为集中营党卫队提供食宿，同时也是集中营指挥官招待
高规格外事宾客下榻的酒店，在后厨和客房工作的都是
集中营中来自耶证会的女犯人。1943 年夏，酒店为一
位特殊的客人预留出整个二层：海因里希·希姆莱让人
在这里布置出包括书房、卧室和浴室的整个套间。虽然
他从未踏足这里，但很显然，他在 1943 年一定打算过
要在这里逗留很长一段时间，因为这一入住计划所预留
的时间，正是奥斯维辛在整个国家灭绝计划中被提升到
了"最终解决犹太人"方案的核心位置，这一发展趋势
正是这个党卫队头子当前迫切追求的。

此时在党卫队内部，有关集中营罪行的确切信息日
益增多。由于屠杀"低等种族"是为了保障德国人自身
在东部能够长治久安的未来，并且德国的统治诉求也明
确了屠杀在意识形态上的正确性，因此并不触及党卫队
家庭的生活世界及对其舒适生活的理解，也不涉及谋杀

的伦理道德。但与其说家庭生活的平静与党卫队官兵的工作日常构成冲突，不如说这种持续有保障的家庭田园诗可能提高了集中营中的死亡率，因为它给予了党卫队官兵必要的心理慰藉。党卫队官兵既可以是大屠杀刽子手，也可以是受人爱戴的父亲，这两点并不矛盾。然而，家庭幸福的表象根本说明不了这些人的人道主义立场。屠杀"低等种族"更多是在保障"雅利安种族"生存方面合乎道德，但在生物基因评价体系中完全得不到解释。大屠杀与体面的生活并不构成一对矛盾的两极，而是相辅相成。大屠杀被认为是一种病态结构的产物，因此似乎很难想象也无法接受这一点，这些凶手是如何受这种集体意识分裂的感染。和大屠杀一样，党卫队的家庭生活也服务于种族主义的民族共同体建构。而纳粹将对伦理学的理解是将其等同于种族意识形态问题，对此没有比海因里希·希姆莱的话更为清楚明了的。他在1943年10月初向帝国及大区头目所作的臭名昭著的"波岑演讲"（*Posener Rede*）中说，党卫队屠杀欧洲犹太人"合乎道德"。希姆莱以不可辩驳的"正义感"进行了一番几乎令人作呕的论证，他将对成千上万的人屠杀歪曲为由凶手所背负的令人遗憾的不幸。

第三章

强制劳动与大屠杀

IG 法本

1941 年，IG 法本（染料工业利益共同体股份有限公司，Interessen-Gemeinschaft Farbenindustrie AG）在奥斯维辛建立了一座新工厂。这个被称为"IG 奥斯维辛"（IG Auschwitz）的方案是德国在第二次世界大战期间规模最大、最具野心，同时也是耗资最多（约 600 万德国马克）的投资项目。成立于 1925 年的 IG 法本总部设在美因河畔的法兰克福，作为对极富战略意义的人造替代材料的生产商，它是纳粹德国最重要的私有企业，也是欧洲最大的化工康采恩之一。坐落于老城以东 3 千米处，距离集中营营地约 7 千米的奥斯维辛工厂主要生产合成橡胶，这是一种由煤炭提炼制成，服务战争经济的人造橡胶。

IG 法本康采恩选定奥斯维辛作为继施科泡(Schkopau)、许尔斯（Hüls）及路德维希港（Ludwigshafen）①之后第四座合成橡胶生产厂经过了长时间的讨论。但到底是出于集中营及与之相关的廉价劳动力，抑或更多的是出于地理及经济上的区位优势起到了决定性的作用，这些问题并没有被解释清楚。许多证据显示，尽管集中营领导层从一开始就打算将集中营用作劳动力储备之用，但集中营的存在并不是（IG 法本公司）选址于此的唯一因素。有保障的原材料、水源供应以及便利的交通也同等重要。

在选择奥斯维辛的决定做出之前，还存在其他地点参与讨论：布雷斯劳附近拉特维茨（Rattwitz）的集中营在 1939 年启动"四年计划"时就启动了合成橡胶工厂的建设，总投资已达 400 万德国马克。但这一建设在

---

① 施科泡是位于今天德国萨克森-安哈特州萨勒县的一个乡镇；许尔斯则是今天位于鲁尔地区北部城市马尔的一部分。这两个地方再加上位于今天莱茵兰—普法尔茨的路德维希港（当时属于巴伐利亚），是当时 IG 法本最重要的人造橡胶工厂。

1940 年停顿了下来，原因是（纳粹德国）在胜利占领法国之后获得了更富吸引力的地方。而在空袭英国失败后，IG 法本开始重新考虑在东部占领区设立合成橡胶工厂事宜。虽然投资成本过高显而易见，但帝国经济部执意推进这一方案，并阻挠官方批准在路德维希港的新厂建设。为了不失去合成橡胶生产的垄断权，集中营领导层亦表示同意。也就是说，最终起决定作用的是带有投机性质的实用主义考虑超过了专业的经济考量。

1940 年 11 月初最终确定，西里西亚将成为 IG 法本的新生产区域。在围绕工厂地址的讨论中，不仅拉特维茨工厂的建设遗留被重新提上议事日程，另有三个位于德国境内的西里西亚地区的地点可供选择：戈戈林（Gogolin）的艾米利恩多夫（Emilienhof），奥波莱（Oppeln）以南的格罗绍维茨（Groschowitz）以及大多伯（Groß-Döbern）①北部。反倒是奥斯维辛在开始阶段并未进备选方案，一直到 1940 月 11 月底才由刚从西里西亚旅行回来的 IG 法本董事会成员奥托·安布罗斯（Otto Ambros，1901—1990）提出，但这位经理到底是如何留意到奥斯维辛，则并不清楚。他很有可能是试图摆脱一位重要的竞争对手，因为矿物油制备有限公司

① 　上述地点今天均位于波兰境内。

44

（Mineralölbau GmbH）也在同一时期计划设立一座氢化车间，并选中了奥斯维辛的周边地区，那块地方刚好位于德沃尔（Dowory）与莫诺维茨（Monowitz）交界处，后来的 IG 法本工厂即诞生于此。因此并不能排除安布罗斯是为了抢在竞争对手之前才仓促提出这一选址方案。而其他地区，包括此前一直备受青睐的拉特维茨，均在 1940—1941 年年关更替之际退出了讨论。IG 法本属意奥斯维辛。

这一地带的优势条件在于地势平坦，但又不会出现洪涝灾害。生产所需原材料如煤炭、石灰和水源储备都极为丰富；此外附近还设有火车站，为货物运输提供了便利。同样重要的是 IG 法本公司还有可能获得纳粹政府根据东部工厂建设扶持项目框架所承诺给予"并入"（德国）的东部地区的财政资助。因此，这一从定居政策出发，且直接与现实领土相关的考量决定了厂址的选定。特别的资助措施极大地提高了地区吸引力。1940 年 11 月颁布的所谓《东部税收补助条例》（*Oststeuerhilfe-Verordnung*），确保 IG 法本无须为其投资收益缴纳税金。如果说企业领导层起初因为高昂的成本，尚怀着反对在东部设厂的想法，那么在奥斯维辛可以预见的有利条件下，则希望迅速收回设施成本。

这家康采恩的经理人以牺牲当地民众的利益推动了（纳粹）对被占领东部地区的经济与政治统治。他们带着种族主义意识前往奥斯维辛，并冷酷无情地将之前存在的所有事物加以彻底改造。作为纳粹政权的代理人，但同时也具有高度自主性，他们不仅完成了被委托的经济任务，还进一步完成了东部地区"德意志化"的"种族政策"任务。

1941 年 2 月 6 日，奥托·安布罗斯和他的上司弗里茨·特尔·梅尔（Fritz ter Meer，1884—1967）在柏林向"化工业特别问题全权总代表"卡尔·克劳赫（Carl Krauch，1887—1968）展示了他们的计划，克劳赫还是 IG 法本监事会主席，同时也是围绕在党卫队头子的工业家小圈子（即所谓希姆莱的朋友圈）的成员。三人的出发点在于通过一个"大规模的定居项目"解决劳动力问题。工业化与"日耳曼化"之间的联系旋即产生——同时这也意味着：将当地的波兰人与犹太人运走，而将大量德意志帝国工人迁往奥斯维辛。

克劳赫将这一方案交给了他的密友、四年计划部门的领导赫尔曼·戈林（Germann Göring，1893—1946）手上，后者于 1941 年 2 月 18 日要求希姆莱作为强化德意志民族性国家特派员尽快着手采取定居政策措施，并

将集中营囚犯投入工厂建设当中。希姆莱于 1941 年 2
月 26 日下达的命令在字面上几乎完全照搬 IG 法本所希
望得到的：他命令全体犹太人必须马上搬离奥斯维辛城；
适合劳动的本地波兰人则留在原地，强制从事 IG 法本
工厂建设；希姆莱还下令将尽可能多的集中营囚犯投入
建造工作。

　　希姆莱这一指示是首个"种族主义"的特别措施，
奥斯维辛因为其即将设立工厂的缘故而付诸实施。此后
这座城市就退出了针对上西里西亚东部的区域性定居规
划，原因是 IG 法本的这一建设方案作为特别重大项目，
需要重新制定专门的方针。而这一与德国最大私有企业
的合作也为希姆莱提供了无与伦比的机会，在军事装备
产业占据重要位置的上西里西亚推进长期以来力图达成
的囚徒劳动产业经济化的目标。这位党卫队头子从 30
年代中期开始就出于服务军备业的目的，试图将集中营
囚犯投入采石场、砖厂以及采沙场的劳动，以确保党卫
队在经济上同样享有权力，并在军备生产中分得一杯羹；
从长远看则是能够自行生产装备的基础。但这一企图却
因为党卫队缺乏企业管理经验，以及囚犯劳动效率低而
以失败告终。而现在与 IG 法本的合作则预示着实现这
一雄心勃勃目标的可能。

就在被告知 IG 法本计划的十天后，1941 年 3 月 1
日希姆莱首次动身前往奥斯维辛。他的动机显而易见，
而在此之前他几乎没有注意过这座集中营——原本定
于 1940 年 10 月的拜访日程也被额外取消。希姆莱的访
问产生了一些关键性的新变化：集中营指挥官调拨了 1
万名立即可以投入建设的囚犯给 IG 法本，并为工厂建
设提供了分配物资与资金许可的紧急申请。与此同时，
指挥官霍斯进一步强化对党卫队利益区的开发利用，对
集中营主体部分加以扩建重修以容纳 3 万名囚犯的方案
也被确定下来，与之形成对比的则是比克瑙集中营建设
则未成为会议讨论的对象。在拜访期间，希姆莱还额外
颁布了有关定居及农业经济项目的命令，并规划了今后
与 IG 法本的合作。而设立或将预示奥斯维辛集中营重大
功能转变的比克瑙集中营，其意义在 1941 年初尚未被估
计到，它直到大半年后才被提上计划。

　　IG 法本与党卫队之间紧密合作业已初露端倪，奥
托·安布罗斯随即称之为"造福社会"。这家康采恩帮
助党卫队扩大势力，党卫队则为工厂建设提供坚定的支
持。而工厂领导层方面的诉求则更为紧急。原计划的建
设工期不少于 3—4 年，但工厂应该已在 1943 年中就已
开始投入生产，帝国经济部为这一工厂建设项目评定的

建设紧急程度则为零（这一评级只面向对战争具有重要意义的方案）。然而，IG 法本迫切希望这块位于德沃尔与莫诺维茨的工厂用地收入囊中。一部分原本归波兰农户所有并被没收的企业用地，由政府部门买下，其余土地则被强制征收。

1941 年 4 月 7 日在卡托维茨举行了庆祝"IG 奥斯维辛"成立的会议。包括党卫队高级代表在内的与会嘉宾聆听了奥托·安布罗斯的讲话，他将工厂的建立称为定居政策的一种传播方式，并慷慨激昂地宣布要面对伟大面向未来的任务，IG 法本将投入一切力量推动奥斯维辛的"日耳曼化"进程。

莫诺维茨与附属营

IG 法本是首家长期由大批囚犯充当强制劳工的私人企业。其人数最初约为 1 千人，至 1942 年底时就翻番近一倍；1943 年时这一数字约为 7 千人，1944 年时则达到顶峰，超过 1.1 万人。在总共约 3.5 万名被雇用的集中营囚犯中，超过 2.5 万人死于为化工巨头工作而导致的各种后遗症。

囚犯占到工厂区全部工人的三分之一，此外还有数千名来自不同欧洲国家，被称为"客工"的强制劳工，他们都是康采恩通过与政府部门合作想方设法搞来的，其中除了有来自上西里西亚东部与总督府①的波兰人外，还有荷兰人、比利时人、南斯拉夫人、俄罗斯人、法国人、意大利人、克罗地亚人、捷克人、希腊人、乌克兰人、英国人以及来自阿尔及利亚和摩洛哥的北非人。建筑工地因此在短时间内的人口规模就达到一座中等城镇水平。这些外籍劳工所居住的板房，不仅被严密看管起来，还按照国籍服从种族隔离和等级制的原则加以严格区分。

地质构造上的问题，原材料运输上的阻碍，以及持续不断的劳动力短缺，使得新工厂的建设速度明显放缓。原本对外宣布于 1942 年夏天开始投产的生产目标因不明原因被推迟。在囚犯劳动效率持续下降的情况下，康采恩领导层推出了一个特别方案：在距离建筑工地 300 米，遭洪水破坏的莫诺维茨村庄建造一座属于工厂的集中营。起初囚犯们花在步行往返建筑工地的时间长达七

---

① 指 1939 年 9 月德国对波兰宣战后，被德国军队占领的波兰领土中未被直接并入德国的部分。纳粹政权在此建立了一个由汉斯·弗兰克（Hans Frank，1900—1946）领导下的"总督府"管理被占领区。

个小时，因此他们的工作日从早上三点左右就开始，而返回集中营的时间又比所有其他狱友晚得多。由于许多在早上到达建筑工地时已经筋疲力尽，因此 IG 法本在 1941 年 7 月底为囚犯们开通了一辆往返于主体营和德沃尔德的货运火车。但此举亦未能改善劳动效率，这才最终出台了建设莫诺维茨集中营的决定。IG 法本原本寄希望于这座集中营可以提供廉价且可以随意驱使的囚犯劳动力储备，以便长期剥削利用，然而一场斑疹伤寒时疫使得这项工作不得不被推迟，以至于直到 1942 年 10 月 30—31 日，首批两千名囚犯才搬入起初被命名为"合成橡胶营"的新集中营。这也是首座由私人企业倡议并资助建成的集中营。

莫诺维茨的食品供给与所谓的健康保障事务由 IG 法本承担，而集中营的指挥与看守则由党卫队负责，因此它包括细节在内都与国家设立的集中营十分相似。岗哨，一道铁丝网环绕的金属丝围栏，再额外加上一道通上强电、在夜晚灯火通明的围墙护卫着这座集中营。这片区域要大于主体营，然后住宿用的板房则又小又挤，并且塞满了人。1943 年 1 月中旬原本设在主体营的劳动教养营迁到了莫诺维茨，它所占有的四座板房由一道围栏隔开；从此劳改犯同样必须在工厂建筑工地从事劳动。

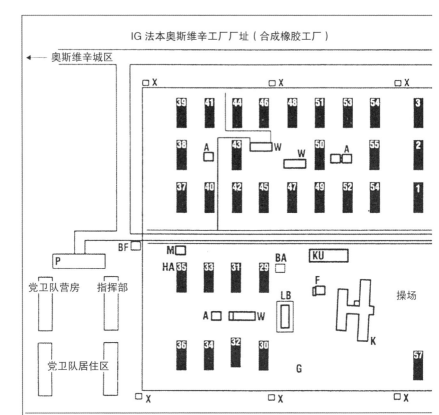

IG 法本奥斯维辛工厂厂址（合成橡胶工厂）

莫诺维茨附属营（合成橡胶营），1944 年底

A 厕所
B 惩戒与禁闭室
BA 消防水槽
BF 营区指挥办公室
E 电工与钳工车间
G 苗圃
HA 囚犯劳动队
K 囚犯厨房
KD 消毒杀虫室
KO 中央供暖锅炉房
KU 锻工车间
LB 集中营慰安所[1]
L 为来自囚犯医疗站病人提供的"桑
拿室"（浴室）以及停尸房

M 囚犯乐队居住的工棚
N 当囚犯住处满为患时提供的帐篷
P 党卫队值勤队
S 马厩
U 为暂居帐篷的囚犯提供的临时洗衣房
W 洗衣房
X 岗哨
Y 可移动绞刑架所在地

———————————

① 即由女囚充当集中营妓女，为所谓"表现良好"
或地位较高的非犹太裔囚犯提供性服务的区域。

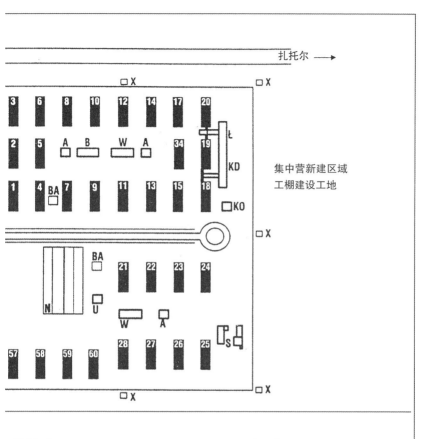

居住棚户区

4 文书室、集中营长老办公室以及"条件较好"的劳动队囚犯住处
11 集中营食堂以及囚犯交响乐队的囚犯室
7-41 劳动教养犯的营区
41 劳动教养犯的急救室和出狱隔离检疫室
54 衣物储藏室

囚犯医疗站营区

13 康复病人区（复健区）
14 外科二部
15 内科三部和牙科
16 外科一部
17 内科
18 急救室和囚犯医疗站—文书室
19 内科一部
20 传染病科
22 康复病人区（复健区）

编辑：彼得·塞特奇维茨（Piotr Setkiewitz）
制图：帕维尔·瓦尔霍乌（Pavel Warchol）

53

从企业经济学的角度来看，即使是在建立了莫诺维茨集中营之后，这种投入囚犯进行义务劳动的模式依然无利可图。管理层和党卫队一致认为囚犯的平均劳动效率相当于拥有人身自由的德国工人效率的75%，但这一推论很快就被证明不切实际：囚犯的劳动效率可能达不到德国工人的50%，有时只有20%。尽管在劳动力支出方面的成本已降至最低，但IG法本并未从囚犯的义务劳动中获取利润，这是因为严重不足的食品供给、刁难与惩罚，令犯人身心饱受摧残，使生产效率远远低于预期。

由于设立了莫诺维茨集中营，IG法本康采恩得以在"最终解决方案"政策中扮演了积极角色。莫诺维茨集中营所关押的大多为犹太人——1943年秋占全部囚犯人数的60%—75%，1944年初更是提高到90%左右。由于管理层对于囚犯"种族劣根性"深信不疑，他们将这些犹太囚犯按照适宜劳动与不适宜劳动进行了筛选，因此，自恃在不断扩张的劳动政策扮演合作者角色的IG法本领导层，要在很大程度上承担迫害犹太人的责任。时间紧迫，再加上在物资短缺的情况下仍执意上马合成橡胶工厂背后的个人野心，使得企业对于犹太人的迫害越发肆无忌惮。在这种情况下，动辄威胁囚犯发配去比克瑙就成为驱赶他们劳动的手段；而糟糕的生存条件与最低限度的食物供给，使得莫诺维茨集中营囚犯的平均存活时间仅有三个月，有些仅仅只有几周。

"IG 奥斯维辛"率先为党卫队逐步与军备产业建立联系提供了示范意义。从 1941 年春开始，租借囚犯给康采恩成为向战争经济系统提供来自集中营的强制劳工的典型；从 1942 年 3 月起，党卫队经济管理总局有组织地为新建成的工业中心提供可供系统剥削劳动力的囚犯。冶金厂、化工及金属加工企业及日用品公司从 1942 年开始在奥斯维辛集中营附近陆续开设，以 IG 法本为榜样剥削囚犯们的廉价劳动力。党卫队还向私人企业提出，每天支付每名囚犯 4 德国马克，专业工人 6 马克；而国有工业企业则享有优惠，只需付给熟练工 4 马克，非熟练工为 3 马克。

1942 年 8 月，德国境内最大的康采恩之一——赫尔曼·戈林国家工厂迁往奥斯维辛；1943 年 6 月紧随其后的则是切申矿业与冶金公司、上西里西亚能源供应股份有限公司及弗里德里希·克虏伯股份公司；1943 年 10 月又增添了被克虏伯兼并的维斯瓦联盟下属金工厂；1943 年 12 月西门子-舒克特工厂开业。集中营囚犯还为帝国铁路工作，除此外还有多家隶属 IG 法本的硬煤矿，以及上西里西亚联合冶金厂、上西里西亚氢化厂、切比纳石油加工厂、美孚石油公司、德意志炭黑工厂、西里西亚制鞋厂和西里西亚精纺厂。

在这些私有企业的附近或者在其所有的土地上，建起了一座座板房，再加上党卫队下属企业的营房，很快就形成了一张总计超过 30 座奥斯维辛集中营的附属营和外围营的大网，其中有 10 座甚至是在 1944 年下半年才建成的，最后一座于 1944 年 12 月在胡伯图斯赫特（Hubertushütte）建成；不仅是奥斯维辛城的周围，整个上西里西亚，此外还包括苏台德地区（设有一座外围营）以及波西米亚与莫拉维亚保护国①（设有两座）均成为奥斯维辛集中营网络中的地标。

奥斯维辛集中营中为德国军事装备工业工作的囚犯人数则持续上升：1942 年时约为 6 千人，一年之后便达到了这一数字的三倍。1944 年中达到约 4.2 万人（其中包括 IG 法本"雇佣"的强制劳工）。而党卫队设在奥斯维辛的下属企业则拥有约 8500 名囚犯，其中规模最大也最重要的企业是德意志武器装备有限公司；此外党卫

---

① 在签署《慕尼黑协定》之后，纳粹政权于 1939 年 3 月占领捷克斯洛伐克全境，随后在西部地区建立起一个名为"波西米亚与莫拉维亚保护国"的傀儡政权。

队还经营着戈莱措夫水泥股份公司、德意志食品有限公司和德意志土木及山石工程有限公司。但在为党卫队企业工作的囚犯中，还有一半左右（主要是女性）的人在党卫队利益区内从事农业劳作，例如拉伊斯科的苗圃，位于哈蒙瑟以及其他同样设有附属营的地区（如巴比茨、布德、比克瑙和普雷）的鱼塘和禽类养殖场。女囚们还要从事房屋拆除、道路铺设工作，并为利益区挖掘沟渠。

附属营内的生活及劳作条件并不比其他类型监狱好到哪儿去。饥饿、繁重的劳动和不加掩饰的剥削烙印在日常生活之中。囚犯们每天劳作时间鲜有少于 15 小时的，甚至更多。部分附属营，其中包括布雷希哈默、切申、拉吉查和亚维查维茨，以及煤炭开采对于那些没有受过训练的劳动者而言无异于谋杀。熟练工的情况则略好一些，因为他们具有不可替代性，因此不会一开始就被编入面临死亡的劳动队。

包括莫诺维茨在内的所有附属营，直到整个集中营体系首次行政大变动之前均隶属主体营指挥官管理。1943 年 11 月 22 日，指挥官鲁道夫·霍斯因不明原因调离造成了集中营组织结构上的变化：接替霍斯的是党卫队一级突击队大队长阿图尔·利贝亨舍尔（Arthur

Liebehenschel，1901—1948）；而他在位于柏林奥拉宁堡的党卫队经济管理总局 D 部门一组（中心局）①主管的职位则由霍斯担任，后者因此成为集中营检查部门副总监。这一涉及指挥官的高层人事互调使得整个奥斯维辛集中营分成三个行政分离、各自独立的区域：奥斯维辛一区为主体营；二区为比克瑙集中营，它包括了隶属党卫队、从事农业生产的附属营，其规模之庞大，以致营内各区段都配备专门的党卫队拘留营小队长；三区则密集分布着各类附属营，其中规模最大的独立营区便是莫诺维茨。这三处营区均设有由一名指挥官为最高主管的党卫队管理机关：利贝亨舍尔为主体营指挥官；在其平调卢布林的马伊达内克集中营单位指挥官后，于 1944 年 5 月接替他的是党卫队二级突击队大队长理查德·贝尔（Richard Baer，1911—1963）。奥斯维辛—比克瑙的指挥官起初由党卫队一级突击队大队长弗里德里希·哈特延施泰因（Friedrich Hartjenstein，1905—1954）担任，从 1944 年 5 月起则由一级突击队中队长约瑟夫·克拉默（Josef Kramer，1906—1945）担任。对集中营组织结构而言进一步的重大事件则是 1944 年 11 月莫诺维茨

---

① D 部门全称为"集中营检查部门"，主管集中营事务，因此也称为"中心局"。

被调整为独立集中营，从此之后成为所有外围营的行政中心，指挥官为党卫队一级突击队中队长海因里希·施瓦茨（Heinrich Schwarz，1906—1947）。

筛选原则

尽管在 1942 年初，就已偶尔出现过按照是否有利可图原则对囚犯进行筛选，但对他们进行系统化的筛选则从 1942 年 7 月 4 日起才成为一种规则。就在这一天，首次启动了针对全体运送来的斯洛伐克犹太人的筛选，因此它也标志着系统性大屠杀的开始。由党卫队医生及其他工作人员进行的筛选工作，从此被固定为决定（囚犯）生死的关键过程。最先成为牺牲品的是囚犯中那些体质不适合劳动的人：儿童、孕妇、老人、病人和残疾人。

而那些被鉴定为可以工作的人——在奥斯维辛，平均占每批囚犯运输的 20% 左右，则要承担最艰苦的条件。在这个杀人中心，强制劳动只是其中的一种手段——确切来说，义务劳动仅仅是一种慢性死亡的同义词。一般在经过三至四个月之后，大多数从事强制劳动的囚犯均已死亡，死于殴打和饥饿，死于精疲力竭和非人道的生存条件。

"用劳动进行屠杀"出自帝国司法部长奥托·格奥尔格·蒂拉克（Otto Georg Thierack，1889—1946）1942年9月18日写给希姆莱的一封信，但它并不是一个逐步发展起来，并加以系统贯彻执行的方案，而是整个谋杀方案中的一个环节：在实施大屠杀之前，可以从中先拿出一部分劳动力以解决德国劳动力短缺问题，当时德军主力正在莫斯科城外陷入众所周知的冬季危机之中。尽管死亡率居高不下，但却并未与经济利益产生冲突，这是因为源源不断向奥斯维辛输送的囚犯能够始终保证供应具有劳动能力的工人。

这一行动造成的结果是，强制劳动在很长时间里成为等同于诸如集体枪杀以及毒气室谋杀这样出于种族歧视进行肉体消灭的措施，但此举对于德国经济来说又可以实现盈利。因此，驱使囚犯强制劳动本身就是种族主义政策的产物，并非它的另一面；它也并不构成与大屠杀的冲突，而是架设起通向大屠杀的桥梁。

第四章
"模范城市"奥斯维辛

东部的德意志桥头堡

起初奥斯维辛城因为属于按领土法则划出的"东部地带"，而在纳粹"日耳曼化"政策中仅扮演边缘角色，然而，随着 IG 法本工厂的设立，其角色在 1941 年春发生了根本性转变。从此，这座城市在上西里西亚东部的定居政策中占据着独一无二的特殊地位：奥斯维辛成为"东部定居点的模范"。这座城市一跃成为经济开发与种族主义筛选的完美典范，是德国未来对占领区实施统治的样板，就是"东部（占领区）德意志民族的桥头堡"。正是纳粹的暴力统治推动了这一工业化进程、城市美化与人口结构改变的紧密结合。早在 1941 年 4 月，犹太人就已被驱逐出奥斯维辛这座曾经的聚居点，当地波兰居民则被迫迁入基础设施恶劣的街区，而并非是出于服务"东部地带"的目的才从 1942 年春采取的措施。

为了鼓励企业家积累资本，也为吸引个体经营的商贩、农场主和自由职业者前往东部，纳粹德国启动了庞大的鼓励经济与生活的措施。工资及收入所得税有望降低，市民税（Bürgersteuer）①也比德国本土要低，且因为有"东部免税额度"，财产税也得以免征。此外，对贷款、儿童补助金以及婚姻贷款的发放也有特别优惠条件。

1941 年 4 月 3 日，即逾越节②开始的当天，对（奥斯维辛）城中犹太居民的暴力驱逐便随之展开，并持续一周有余。这期间，恐怖列车从老城向火车站方向驶去。五辆帝国铁路所属的火车被用来运送犹太人，老人与病人则乘坐马车。这些犹太人被带往 30 千米开外的大型定居点；有超过 3 千人前往索斯诺维茨（Sosnowitz），

① 这里的市民税是 1930 年的紧急法案新开征的税种，收入归地方政府所有，并且直到德意志帝国时代仍通用的，用于明确市民政治权利的"市民税"。

② 逾越节是犹太教最重要的节日，通常持续一周，用以纪念古代犹太人逃出埃及脱离苦难。

约两千人前往本津（Bendzin）。其中具有劳动能力者被移交给由党卫队旅长阿尔布莱希特·施梅尔特（Albrecht Schmelt，1899—1945）领导，负责上西里西亚东部犹太人强制劳动的机关。

少数与天主教徒结合构成"异族通婚"的犹太人，暂时还允许居住在城市中；同时留在城里的还有共计50人左右的工作人员与犹太居民委员会的成员，他们受由德国人组成的市政府委托，清空所有犹太人住所。然而，一旦完成任务，他们也将被遣送往定居点。这些被清空的住宅被贴上封条，大门紧锁，等待着未来的德意志居民。犹太教堂早在1939年11月就被盖世太保摧毁了，奥斯维辛规模较小的祈祷室如今则被改作仓库、医院及其他一些福利机构停止活动，在短时间内犹太社区便荡然无存。德国入侵造成的冲击彻底改变了这座城市。IG法本公司的建设则使得"奥斯维辛的耶路撒冷"七百余年的传统毁于一旦，然而经理人们并不愿意承认目睹了由其引发的动荡：许多人因被驱逐而流落街头；而就在行动结束仅仅两天之后，这家企业便召开了工厂成立大会，这绝非偶然。在驱逐犹太人过后，奥斯维辛这座城市便完全从兼顾种族与领土法则所构成的两个等级的"东部地带"中脱离了出来；而从开战伊始不断延长的内城警察边界也消失不见了。这座城市由此大致获得了与具"种族优势"的卡托维茨大区以西地区同等的地位①。

　　奥斯维辛犹太人此后的命运便不为人知了。我们既无从知晓他们在后来作为犹太隔离区被封锁起来的索斯诺维茨和本津定居点内的生活；也不清楚到底有多少人后来在自家门口的集中营里遭到杀害。同样尚未搞清楚反犹主义观点是否伴随驱逐行动产生，以及它达到了怎样的规模。而波兰城市居民对驱逐犹太人的反应也不得而知，很有可能对这一强制迁徙冷漠以对。但事实上，尽管 IG 法本提供福利保障，一旦波兰工人不再为工厂建设劳动，他们也将遭到驱逐。此外，从 1941 年 3 月起，波兰人被排除在按照德国民族列表划分的法律与社会福利体系之外，这使得许多人在经过严格种族学审查后丧失了原有的政治和社会地位。波兰人的社会地位取决于他是否能"加入"，或者确切来说是"恢复"其"德意志民族身份"的程度，但犹太人则从一开始就被排除在这一可能性之外。由希姆莱引入东部占领区的民族成分

────────────

　　① 纳粹政权对其占领下的波兰采取的是在领土原则上的种族原则，即在区分帝国领土和占领区的基础上，根据当地人口的所谓"民族"成分分成不同的管理等级。因此，虽然同属帝国领土，由于卡托维茨以西主要是德意志人聚集地区，根据种族承认，其等级要高于未驱逐犹太人的奥斯维辛。

处理办法，混合了国籍、出生地原则和种族标准。其筛选的目的在于根据"日耳曼血统"对波兰民众加以仔细甄别，从而保证德意志人作为"优等种族"的优势。该办法是根据人种学和"种族"政策的分类将人分成四个"民族"，再按照国籍相应分成四个等级，分别拥有不同权利。这一分级不仅明确了国家地位，也决定了财产权、经济保障与社会地位。然而，奥斯维辛的大多数波兰居民无法享受到保障前三类民族群体的较好社会与法律待遇，而是被分入完全不拥有权利的所谓"被保护群体"。

驱逐行动致使这座城市在 1941 年春减少了将近一半的人口。在剩余的约 7600 居民中，90% 为波兰人，其余则为德国人及德国裔。占据统治地位的是 660 名德国人和 116 名德意志族人，他们很快成为这场改变的直接受益者。

纳粹的未来计划

一项以工业为导向的市政建设政策以惊人的速度开启了。其目标在于通过实现奥斯维辛住房及生活设施的现代化，吸引德国本土的熟练工人及其家属前往。IG法本将兴建住房和改善基础设施改善视为完成"民族政策"任务最重要的前提。

工厂领导层关注点集中在居住舒适度和生活品质上，其对街道和住房状况的不满远胜其他方面。迁入的工作人员只得竭尽所能在被认为文明尚存的城市中找寻舒适便利之所：设施优良且适宜儿童同住的宽敞住宅，以及各种各样的运动及休闲场所。然而，计划迅速建成一座拥有公共建筑、广泛的交通网络和大量绿地的现代化城市的方案则显然过于武断和狂妄，许多规划细节不得不一再修改，另一些则付诸实施。随着越来越多的部门参与到国家住房政策的讨论之中，其中许多部门都派遣了代表前往奥斯维辛，在那里度过数日或数周时间，讨论设计方案，视察现场，推动全新的市政建设贯彻实施。当然集中营及后来的灭绝营在这方面并不构成任何美学和政治上的干扰因素，城市与 IG 法本紧密联系对于奥斯维辛的重新营建具有重要意义。这座城市开始依附于 IG 法本，在能源供应方面它依赖于后者所分配的电力及集中供暖，同时供水也出自工厂水库。

作为城市现代化的大赞助人，IG 法本不仅承担了企业自有的"员工住宅区"建设费用，还包括由城市建设开发的"奥斯维辛住宅城"的费用。帝国当局为这一方案提供了大量贷款，康采恩也为此投入企业自有资金，以确保其对建设方案具有关键性的影响力。负责建设工厂雇员住处的康采恩下属住房建设公司葛沃奇（Gewoge）还分担了"新家园"项目的组织与资金援助，该项目在卡托维茨设有一个分支机构，并受德意志劳工阵线（der Deutsche Arbeitsfront）委托负责城市住房建设。这一规划项目代表了技术与"现代化"的最高水平：起初规划建设1600套所谓的"人民公寓"，每套面积介于60—90平方米之间；此外还设计了配备小菜园和车库的独户住宅。当然集中供暖和热水供应也被视为居住舒适度的体现，每户人家都用上了供暖和煤气技术，配备有洗衣间。这些方案随后不断被扩展和延伸，实际上在"IG法本公司职工定居点"建成了数百套公寓，并构成了今天奥斯维辛被称为的"化学家住宅区"（Chemikersiedlung）的一部分。

各国家部门，其中包括国家劳动部和国家经济部为"定居样板城市"奥斯维辛提供了大量的支持：凡是要求国家给予补贴的申请从不会被驳回，即使当时已处于战争状态，且国家大力倡导厉行节俭措施，也从未停止过对所谓"老城健康化"措施的援助。和IG法本工厂一样，所有市政建设措施在建筑经济全权代表的投资体系中，其建设紧迫性属于最高等级。建设停顿从未在奥斯维辛发生过，而资金流入也从未减少过。

这场市政现代化建设的核心人物是拥有博士头衔的建筑师汉斯·施托斯贝格（Hans Stosberg，1903—1989），他是布雷斯劳一家建筑事务所的总经理。早在1940年12月底，他便因与石油有限公司（Mineralölbau GmbH）的工厂建设规划有合作而被委托制定包括奥斯维辛城市空间利用规范和建筑规划在内的上西里西亚区域规划。而作为"定居样板城市"的总建筑师，施托斯贝格被赋予了广泛权力，并代表市政府出面与IG法本公司及地区或跨地区监管部门进行协商。曾设计过不计其数的方案与建筑模型的施托斯贝格因此投入到城市新建工作之中，实践其对于现代城市营造的理解。但出于对名垂青史的野心及交到他手上的项目本身充斥着"种族政治"色彩，他毫无障碍地接受了集中营和灭绝营的存在，甚至在其1942年新年寄出的贺卡中还附上颇为自得的印刷品"德意志新城奥斯维辛的诞生"。

施托斯贝格的建筑规划代表了纳粹政权强烈的自我意识。按照"城市乡村"原则——用希姆莱的话来说这是"这个时代形式美学的指导思想"，奥斯维辛还应在市政建设方面反映纳粹"民族共同体"理念。计划是将城市分割成单元格式样的街区，附带有宏大的共同体建筑物、阅兵广场、检阅台和纳粹党集会中心、希特勒青年团之家、业余活动之家以及大区行政中心；还为庄严的游行队伍设计了一条开阔的轴向道路。但这幅城市图景中包含着种种可怕的观念：整座卫星城市和新的城市街区是被规划出来的，建于 16 世纪的天主教堂玛利亚升天教堂要让位于一条从铁道穿过老城通向 IG 法本工厂的笔直道路。这一仅初步实现的建设方案规模之宏大还体现在规划建造的公共设施之中：施托斯贝格设计了 12 座学校、6 家幼儿园、20 处游乐场，更多的则是带有泳池和运动场的体育场馆。城市的核心区是被称为"老奥斯维辛"，设有行政机关、银行、商店和集市广场。而在新城的东西方向则要各自形成一个包含纳粹党部建筑物、游行街道、党卫队住宅区及一个帝国铁路员工小区的区域性中心。一旦城市土地无法满足建设项目需要，在紧临奥斯维辛的两个乡镇斯塔勒—斯塔维（Stare-Stawy）和扎博罗策（Zaborze）还可提供所谓的预留地。

奥斯维辛的犹太街区则不再存在于这一规划之中。伴随着驱逐犹太人运动而被完全荒废的犹太公墓将被改建为一座带有宾馆、电影院和餐馆的纳粹党员之家。墓碑则早在城市新建运动开始之初便被用于铺设道路。

围绕被施托斯贝格称为"象征中世纪德意志定居者精神"的老城中心，总建筑师设计了一组由皮阿斯滕城堡（Piastenburg）、集市广场和市政厅组成的城市建筑群模型。在他的图纸上，城市核心区还装点着西里西亚风格的拱廊，集市喷泉和菩提树当然也不可或缺，而在市政厅之上还庄严地矗立着一座塔楼。

IG 法本最早领导着 3 千名来到新工厂的员工，然后增加至 5500 人，但很快就提高到约 1.5 万人。施托斯贝格在 1941 年 6 月为奥斯维辛规划最终扩建方案可容纳总计 3 万人，但随着每个规划阶段员工人数都有所增加，他很快将这一数字提高至 4 万人，很快又修改为 6 万人，最终在 1943 年 1 月的"理想方案"中确定为 7 万—8 万人。

但这些规划本身也是命运多舛，施托斯贝格本人在影响该方案两年半之后，于 1943 年 9 月被征召入国防军，一名县建筑顾问接手了他的工作。

在市政建设推进的过程中，民政及党务机关从未因集中营里发生的罪行而与党卫队产生争执，冲突的爆发更多地源于双方围绕土地以及势力范围的权力竞争，规模庞大的城市规划方案与同一时期党卫队的集中营扩建计划之间构成了矛盾。争议的内容包括，城市与集中营应当以索瓦河左岸为界还是以右岸为界？是否由党卫队出面在索拉—维斯瓦河交汇的角上建立一座污水厂，还是由民政当局在同一地区建造一座中央供水设施？党卫队利益区伸入城市地带的程度，以及被奥波莱的帝国铁路总局纳入火车站扩建地块的问题同样构成了双方对立的导火索。为了明确这一区域边界问题，希姆莱于1942年9月在武装党卫队之家召集了一次由党卫队经济管理总局、集中营党卫队、各省及城市行政机关的代表出席的会议，党卫队经济管理总局局长奥斯瓦尔德·波尔（Oswald Pohl，1892—1951）代表他出席会议。但直到1943年1月在柏林召开的一次会议上，这场争议达到了荒诞可笑的顶点：民政机关的代表出于景观规划方面的考虑要求党卫队搬迁其经济利益区。他们建议集中营应另行选择能够较"自然"融入周边环境的地方重新建造。

边界划分于1943年6月最终敲定了下来，这也意味着党卫队利益区获得了独立地位。希姆莱也因此达到了他的目的，将民政机关名义上对集中营区域的行政监管权一并去除，将后者完全置于党卫队管辖之下。随着民政当局对此表示赞同，党卫队经济利益区成为一个独立的行政区。主体营首次在全国范围内贯彻了隶属于集中营指挥官领导，其指挥官获得了"专员"（Amtskommissar，等同于市长）的头衔，并由此拥有管理平民事务的权力。无论是已于1941年起成为上西里西亚劳动委员会成员的霍斯，还是他的继任者利贝亨舍尔和贝尔都被授予"专员"职务，而属于武装党卫队的警卫还负责党卫队经济利益区的警察事务。

然而，奥斯维辛市也从与党卫队所达成的一致中获得了好处，因为与边界调整相关的则是城市获得了一直以来所追求的德国市镇法上的优先权。这一授权表明"德意志化"进程基本结束，并且还获得了一个新的城市纹章：一胸前带有字母"A"的贵族正襟危坐于中世纪时的皮阿斯滕城堡前。这是在大屠杀之前象征这座城市尚不存在危险的标志。

公众与罪行

直到1943年10月为止，有超过6千名帝国德意志人背井离乡前往奥斯维辛。首批落户的是为新成立的奥斯维辛市政当局工作的公务员。安全警察的人数也在不断扩大，1943年1月新的盖世太保机关也搬迁至过去的圣母升天礼拜堂。而在这批主要有IG法本工厂工人和职员组成的迁入者当中，还有工厂主和企业家的身影。大批新居民来自设有 IG 法本康采恩核心工厂的城市——路德维希港、许尔斯、洛伊纳①以及美因河畔的法兰克福。男男女女纷纷迁往奥斯维辛，其中年轻人占的比重尤其高，显然他们是要在新的工厂里完成自己职业培训的一部分。一般而言，首先是 IG 法本的员工，然后是家属，随着时间的推移先后到来。但根据什么标准挑选前往奥斯维辛的员工则尚不明确；除了职业素养外，可能政治上可靠也十分重要；而出于保障"种族"未来的考虑，年龄也很重要。

然而，尽管出台了市政建设未来规划，这座城市的生活条件却依然十分艰苦，因此对于德意志居民来说鲜有吸引力：既没有合理设计过的供水系统也缺乏污水排放体系；由于医疗设施匮乏，斑疹伤寒、痢疾和伤寒四处蔓延。集中营指挥官因此从 1942 年初起下令禁止党卫队军人进城，避免那里的疾病进一步扩散进入集中营。居住条件同样不稳定，由于"IG 员工居住区"尚在建设中，因此工厂工人不得不搬进通常距离工厂十分遥远

---

① 为德国萨克森－安哈特州下属的城镇，以化工工业著称。1917 年在此建立巴斯夫下属的化工厂（1926 年合并入 IG 法本）被称为德国最大的氢化工厂。

的住房内。

但帝国德意志人并未因此被吓退，当针对帝国本土的空袭在 1943 年下半年变得愈发频繁，这一人数更是持续增加。奥斯维辛作为帝国位于西里西亚的"防空洞"，在很长时间内都没有遭到空中打击的破坏。仅 1943 年 7 月和 8 月，城市居民登记处就登记有 2400 人前往德沃尔，650 人则继续前往奥斯维辛的周边地区。这一时期的德国移民来源已不再仅限于 IG 法本各分公司所在的城市，而是来自德国的各个地方，汉堡、埃森、科隆、明斯特、马格德堡和慕尼黑，还有人来自维也纳。

在别尔斯克县下属所有的 24 座城镇中，没有一座城镇的帝国德意志新居民的人数能够超过奥斯维辛。这些定居者被打上了先驱意识、对未来的信念、努力，将"德意志文化"传播至东部，以及精明的生意头脑的标签。由于他们的注意力集于自己的职业生涯，因此面对集中营漠不关心。但他们多少能感觉到一些，例如在 1943 年底所谓的国防军日上，集中营党卫队应邀出席"共同体聚餐，并随后共度多彩午后"。

德国居民在集市广场上历史最悠久的建筑物拉特豪夫饭店里举行 1943 年除夕晚宴的盛况同样表明，帝国德意志人在奥斯维辛的私人生活世界并未受到触动。从乌珀塔尔（Wuppertal）迁来的饭店老板在给他身在德国本土的朋友报告准备情况时写道，门票跟"在柏林举行媒体舞会"那样一票难求。在战争条件下——尤其对比集中营的条件，200名德国宾客在除夕夜平静地享用着鹅肝和牛尾汤，用咸酸的浓郁调料腌制的鲤鱼冻、烤兔肉和奶油蛋糕卷，香槟和煎饼，清晨还有鲱鱼色拉和咖啡供应。整个庆祝活动洋溢着喜悦的情绪，人们翩翩起舞。一名来自维也纳的主持人调度着整个新年之夜，有乐队伴奏，还有一名喜剧演员在大厅中表演。

　　而在集中营里却悄然发生着不为人知的事情，奥斯维辛的园艺师、景观设计师和植物学家在进行研究试验。作为自然崇拜的狂热追随者，希姆莱希望能够从中获取垃圾和污水的处理办法，一种生物学动力上的净化方式，栽种植被，并对淤泥的利用和堆肥进行技术革新。这个研究项目是在毒气室的阴影下实现的。在这一时期多次前往奥斯维辛的访问者中有海因里希·维普金-于尔根斯曼（Heinrich Wiepking-Jürgensmann，1891—1973），他是柏林农业经济高等学院的景观与园艺设计教授，同时也是德意志民族团结国家委员会总指挥部负责园艺设计与农业保护的特别代表。由于其职责是为新并入的东部占领区的景观建构布局提供咨询意见，因此他与奥斯维辛项目保持着密切的合作，他的一名学生还就这座城市的新景观撰写了一篇学位论文。

除了党卫队领导层之外，奥斯维辛城内首先洞悉大屠杀细节的是负责调度货运列车从欧洲各地运送犹太人至比克瑙的帝国铁路员工。在帝国铁路的计划表上，这一运送过程尽管被标记为旅客专列，实际上发出的却是货运列车。其委托人是帝国安全总局或由地区盖世太保机关代表，但帝国交通部则负有监管责任。帝国铁路按照常规货运收取运输费用。由受害者自行承担车资，每个人必须购买一张通往死亡集中营的三等座车票：每人每千米里程 4 芬尼，12 岁以下儿童 2 芬尼。令人感到窒息的有组织大屠杀细节还包括：帝国铁路保证为党卫队提供"批发折扣"——运输超过 1000 人时费用减半，并保证空车返回免收运费。

技术费用支出十分庞大，这是因为如果列车要驶入奥斯维辛火车站，则必须经由调度停入换车岔道，更换车头，并由车站工作人员接收车厢。由三名工作人员（偶尔为四名）的工作组陪同运输车队前往集中营。因此，当乘客被党卫队驱赶下车厢时，铁路职工就在现场，他们目击了筛选过程如何进行，囚犯劳动队如何卸下火车上的行李。工作组还必须前往火葬场，然后才驾驶着空荡荡的车厢回到车站，负责货物托运的主管已经在那里等候他们了。

如果在铁路沿线发现尸体，则主管当局自行判定其为犹太人。宪兵队并不启动任何后续调查，并由集中营党卫队负责清除尸体。尽管在铁轨边发现尸体在奥斯维辛公众中引起了恐慌，然而随着此类事件越发频繁，这种恐惧也就随之减少。造成某种精神刺激的情况只能是乘客在座位上站起来，走向窗边，如果火车可以在比克瑙集中营附近向远处眺望的话。

但在奥斯维辛的居民中仍流传着只言片语、传闻和猜测。那种略带香甜的烧焦肉块的臭味，由于气味过于刺激无法不令人感觉到，人们知道这其中总有什么可怕的原因。然而想要知道原因的人，总能找到使自己平静下来的理由：例如集中营显而易见的高死亡率，使得火化尸体成为必然。当然也因为一种潜藏的恐惧，阻碍了这个问题被继续追问下去。随后这种模糊不清的预感就被日常生活中的琐碎操劳和私人事务排除在外，更常见的则是冷漠以对。尽管奥斯维辛居民对此的赞同程度如何仍不得而知。但与其说反抗的声势不大，不如说袖手旁观。

铁路工作人员在战后供述称，他们迟至 1943 年才知晓了大屠杀的存在。然而没有一个人要求过转岗到其他地方去，因为这意味着缺乏工作热情，并且人们相信这是一个重要的职位。这些铁路职工老练地将他们为屠杀所做的准备工作描绘得微不足道，即服从以及受其职业影响而来的过度认真，不允许他们质疑自己的行为。知晓系统谋杀行动而又不用为此承担责任，这就意味着：可以人为组织起来大屠杀。

第五章
"犹太人问题最终解决方案"

灭绝政策

残忍地将成千上万人赶出家园加以驱逐，是被党卫队头子希姆莱自豪地称为强化德意志"民族特性"的"一场现代民族大迁徙"，并一路畅通无阻地被组织策划；这一藐视人权的行动在德国占领者的术语中也被粉饰为"消除累赘"和"净化民族关系"；而在加强德意志民族特性帝国专员的官方报告中，它被命名为"基于人口结构进行本质性净化"。这一驱逐方案与其说是非理性的空想家的战争试验，不如说是在显而易见的权力政治利益基础上构成了德国波兰占领政策的政治与意识形态动机。这一"种族新秩序"的目标在于将"异族"赶出去，让"种族成分良好"的民族进来，对他们进行调换，"转移""迁徙"或"回迁"，通过促进"优秀德意志血统的形成"取得"雅利安"种族对犹太人和斯拉夫人的胜利。

移居方案所面临的阻碍，完全没有让国家安全总局的计划制定者减少强制驱逐的定员，或延长方案实施的时间，恰恰相反推动了他们继续行动。这也意味着，障碍在最大程度上以可想见的最极端方式被一一克服。尽管困难越来越多，这一驱逐行动却毫不受影响地继续推进，不断走极端，并在越来越没有节制的战略方案中被一一具体说明。

犹太人问题的"最终解决"不仅是在种族主义东部政策的语境下产生，同时也不能将之与东欧及东南欧德意志族人回迁计划分开对待。但是，即使没有这一目标，这一以"换种"为目的的人口转移和移居行动，都会以极端的方式发展成对犹太人的系统屠杀，而不是从一开始就制定了这样的目标。"转移""搬离"和"疏散"这些在 1939 年至 1941 年间尚能按字面理解的词汇，之后便逐渐成为大屠杀的同义词。

但在相继出现经济困境与逻辑缺陷之后，系统性"换种"在军事上的优点也于 1941 年 3 月 15 日画上了句号，这是因为集结一切资源的苏联战场无法协调"民族政策"措施。从那一刻开始，在波兰占领区所展开的驱逐行动，不仅针对犹太人，也针对波兰人。其目标是将"异族"赶出被德意志人殖民的领土，为德意志族人和德国人创造空间。因此在前文提及的非法夺取与剥夺权利过程中，驱逐才是重点，而不是杀戮。

但在定居行动期间被训练出来的处理手段对于将犹太人驱赶至犹太隔离区和灭绝营具有决定性意义，因为将人员运输作为一项行政事务，按精确的日程与成本计算与灵活的方案设计操作，早已是例行公事，在启动系统屠杀犹太人之前便已开始。工作分工、职能区分与责任划分，构成了支撑灭绝政策的结构性原则。

1941 年 6 月 22 日，希特勒下令攻打苏联，他计划用一场闪击战战胜对手，以确立德国在欧洲的永久霸权地位，并最终实现在"东部生存空间"的民族乌托邦。在一片战争狂热与强权政治妄想的氛围下，纳粹政权将与其世界观中的敌人——犹太人的斗争放到了第一位。如果说到此时为止，制定迁徙和移居政策的战略决策者对其计划停滞不前无计可施，那么占领苏联的幻想就为实现种族政策下的"欧洲新秩序"打开了全新的视野。走向极端的反犹政策从此进入了前所未有的血腥暴力阶段。

所谓的"东部解决方案",这一战略指导思想由帝国安全总局长官赖因哈德·海德里希（Reinhard Heydrich，1904—1942）于 1941 年 3 月底受希特勒委托制定完成，目标是将犹太人从德国势力控制区驱赶至无论概念还是地理位置均含混不清的"东方"（Osten）。但就"领土层面的最终解决方案"这一意义而言，强制驱逐规则一如既往地富有成效，但不同于之前的驱逐方案，受害者的死亡也被当成是计划所取得的成绩。犹太人应当被驱逐至西伯利亚甚至是冰封的大海方向，并因此自然死亡。他们很有可能沦为饥饿、极寒或是致命的强制劳动的牺牲品。

强制驱逐与灭绝相辅相成，并成为被种族政策认可的手段，以便在占领区"为德意志人民创造空间"。反犹政策通过与激进的东部"日耳曼化"方案相联系，获得了发展的真正动力。

对欧洲犹太人展开系统性屠杀的计划，从其全部表现来看，并非源于单个"命令"，而是长期决策的结果。这一政策于 1941 年秋进入具体说明及阶段性转化阶段，1942 年初夏开始系统执行。但与其说大屠杀是被上层操纵，不如说它是一项逐步走向极端的政策，几乎是一步步实现了汉斯·蒙森所说的"层积起来的极端化"。复杂的方案设计与业已贯彻执行的实践产生了同等的影响。就这层意义而言,不能将希特勒在其中扮演的角色解释为个人行为,他代表的是在道德与政治层面的最高合法当局。"元首"确保其下属在纳粹国家多头统治体系下拥有自主制订计划并付诸实施的活动空间,以至于推动"最终解决"方案开启的决定性力量要归结到地区层面的倡议,最终这些下级机关的个别提议与柏林中央政府对于行政管理的完美主义追求融合成罪恶的屠杀计划。

但明确转向种族灭绝方向则是从 1941 年夏开始。将犹太民族与布尔什维克主义在意识形态上等同视之,构成了反犹政策的推动力及合法性。党卫队和警察接到命令,处决在"党政机关"工作的苏联犹太人,推进大屠杀。但"犹太人问题的解决"在一定程度上都是临时安排的:在立陶宛,由最高指挥希姆莱和海德里希领导的突击部队① 从 1941 年 8 月其无差别枪杀犹太男女老

① 党卫队"突击部队"是一支由警察部队组成,专门服务于纳粹种族意识形态与种族灭绝政策的特别部队,它通过与国防军合作,在前者推进过程中负责屠杀包括犹太人、共产党人、残疾人在内的种种"种族成分低劣者"。

少，同样的大规模处决也发生在白俄罗斯、乌克兰西部、塞尔维亚以及波兰总督府下辖的加利西亚区。在瓦尔特高（Warthegau）①，占领当局民政机关的工作人员则明确表示考虑将谋杀作为"犹太政策"的措施。大部分国防军部队或承担或支持这一谋杀政策。

从 1941 年秋开始，德国本土开始强制驱逐犹太人；特别是生活在大城市的犹太人，来自"东部马克"——即合并后的奥地利，以及波西米亚和摩拉维亚保护国的犹太人也包括在内，应如希特勒所愿全部消失；至 1941 年底，整个帝国境内实现了"无犹化"。强制佩戴"大卫之星"标记，禁止外迁及废除犹太人德国国籍，是强制驱逐行动在 1941 年秋逐步向行政层面扩展所采取的部分行动。从 1941 年 10 月起，火车将约 2 万名犹太人送往早已人满为患的罗兹（Lodz）②犹太隔离区。但在明斯

---

① 瓦尔特高是"瓦尔特兰大区"（Reichsgau Wartheland）的简写，它位于波兰东部与德国接壤的部分，1939—1945 年德国吞并波兰期间被并入德国领土。

② 罗兹也称"利茨曼城"（Litzmannstadt），是 1939—1944 年纳粹政权在波兰设立的用于安置被驱逐犹太人的所谓"犹太隔离区"，规模仅次于华沙犹太隔离区，但它实际上扮演了纳粹屠犹进程的中转站角色，1944 年被撤销。生活于此的犹太人此前被全部送往文中提到的各灭绝营。

克（Minsk）、考纳斯（Kaunas）和里加（Riga）[①]，德国犹太人在抵达后即被处决。

但大规模处决被证明是不切实际的，由于受害者人数众多，根本无从组织谋杀，更谈不上保密；此外，行刑队的军人抱怨自己背负着"灵魂和神经上的负担"。直到 1941 年 8 月中旬，希姆莱才在一次对明斯克的访问中下令实验替代性的处决方式。随后，首先在精神病人身上进行炸药和毒气谋杀实验，在所有的实验中有一点非常明确，即纳粹政权致力于寻找一种高效而又悄无声息的谋杀实践手段——同时还能使刽子手的精神压力降至最低。

围绕"犹太人最终解决方案"的决策进程是由万湖会议艰难组织起来。会议最初计划于 1941 年 12 月 9 日召开，但由于美国宣布参战而推迟至 1942 年 1 月 20 日。这场由海德里希指定的国家部门、纳粹党以及党卫队机关代表出席的会议，旨在形成行政合作以服务大屠杀，意图通过组织劳动分工，连通不同的行政机关，分配不同的工作角色，从而实现整个屠杀计划。计划明确将"东部解决方案"作为计划的指导方针，将犹太人分为有劳

[①] 明斯克位于白俄罗斯，考纳斯位于立陶宛，里加位于拉脱维亚。

动能力和无劳动能力的筛选机制也被确立下来。尽管海德里希成功显示出他作为"最终解决方案"组织者的创造能力，并确保这一杀人行动在官僚体系内部能够万无一失，但由于在苏联已经出现了大规模处决犹太人的事件，而其他的谋杀手法则仍在讨论当中，因此万湖会议并未达成系统屠杀犹太人的决议。

或许是因为战事的发展与原先的预期有所不同，德国迟迟未能迅速取得胜利，快速推进驱逐犹太人也不可能实现，且德国陆军不得不接受推进受阻的事实，这让纳粹政权在1941年秋便不再考虑将"被占领"后的苏联作为按照"犹太政策"新秩序所计划的谋杀行动的中心舞台。尽管如此，大规模的处决仍继续进行，同时还形成了在白俄罗斯的莫吉廖夫（德语为"Mogilew"）建立一座灭绝营的各种计划，但可能由于战争形势的缘故未能投入使用。灭绝犹太人行动的地理中心向西转移到无论是政治还是军事均有所保障的原波兰地区，从1941年晚秋至1942年春，这里共产生了六座大规模的灭绝营：海乌姆诺（Chelmno）、贝乌热茨（Bełżec）、索比堡（Sobibór）、特雷布林卡（Treblinka）、马伊达内克（Majdanek）以及奥斯维辛—比克瑙。

灭绝营无论在行政还是功能上均区别于集中营。集中营作为囚禁及实施恐怖的场所，服务于"改造"、惩戒以及经济剥削的目的，此外它还是党卫队的培训场所；而灭绝营的目的只有一个：将运抵的囚犯立即处死。只有奥斯维辛——比克瑙与马伊达内克形式比较特殊，它们既是集中营也是灭绝营。

和奥斯维辛一样属于德意志帝国的海乌姆诺位于瓦尔特高，它是首座灭绝营的所在地，从 1941 年 12 月 7 日开始，先是来自罗兹犹太隔离区的犹太人，接着是来自布尔根兰（Burgenland）①的罗姆人及其他非犹太人在这里被谋杀，总计至少有 15.2 万人。1943 年 3 月海乌姆诺临时关闭，但仅时隔一年，当时罗兹犹太隔离区被撤销，于是它又重启屠杀机器。

而在贝乌热茨、索比堡、特雷布林卡三座由党卫队兼警察部队长官奥迪利奥·格洛博奇尼克（Odilo Globocnik，1904—1945）监管的"赖因哈特行动营"（Aktion Reinhardt）②从 1942 年春至 1943 年夏总计屠杀了 175 万犹太人。贝乌热茨灭绝营，位于卢布林区与东加利西亚交界处，在经过五个月的施工后于 1942 年

---

① 位于奥地利。

② "赖因哈特行动"是 1942—1943 年间纳粹德国波兰总督区系统屠杀犹太人及罗姆人的计划代号。

3月投入运作；索比堡和特雷布林卡灭绝营则在经过约八周的建造后，分别于1942年5月和1942年7月投入使用。直到1942年12月关闭时，贝乌热茨共屠杀了约43.5万来自总督府下辖的波兰东南部的犹太人。坐落于卢布林东部边界上的索比堡则直到1943年8月杀害了约20万—25万来自卢布林地区、德国本土以及不同欧洲国家的犹太人。75万—90万来自华沙地区——主要来自犹太隔离区，还有来自比亚韦斯托克（Białystok）、卢布林、拉多姆（Radom）以及来自希腊的犹太人则死于华沙以东的特雷布林卡。几乎无人能在"赖因哈特行动营"生还。在特雷布林卡，只有不超过54名囚犯活了下来；据推测，仅有三名犹太人从贝乌热茨成功逃亡。

马伊达内克灭绝营的大屠杀开始于1942年8月。在共计18万已死亡的受害者中，至少有6万是犹太人，他们大多来自卢布林地区，也有不少是来自斯洛伐克、比利时、荷兰和希腊的犹太人，此外还有人来自华沙和比亚韦斯托克。除了奥斯维辛，其他灭绝营均采用一氧化碳。

杀人实验

然而，奥斯维辛的首场大规模屠杀还不属于系统灭绝欧洲犹太人政策的组成部分，它更多的是与党卫队的试验相连。这一被称为"安乐死"的试验尽管在 1941 年 8 月被中断，但又随着"14f13 行动"（Aktion 14f13）[①]在整个帝国范围内不受法律约束的集中营内继续执行。出于这个目的，许多集中营都在进行杀人方法的实验：在布痕瓦尔德，党卫队安装了一个枪击颈部的装置；在毛特豪森引入了"死亡浴"；在达豪，囚犯成为大规模医学实验的牺牲品；而在奥斯维辛，看守们则使用氰化氢毒气"齐克隆 B"（Zyklon B）。

这种毒气贮藏于真空密闭的金属罐内，于 1941 年 7 月首次作为为居所及服装消毒的杀虫剂投入使用。生产者是位于美因河畔法兰克福的德意志病虫害防治公司（Deutsche Gesellschaft für Schädlingsbekämpfung），它是 IG 法本下属的子公司。负责运输毒气的则是位于汉堡的公司"特施与施塔贝诺"（Tesch und Stabenow），起初由他们的员工头戴防毒面罩从事"除害"工作，后来则对党卫队卫生员加以培训后担任这一工作。"齐克隆 B"可能于 1941 年 8 月底或 9 月初(确切时间已无法确定)首次投入试验性使用，但很快就成为谋杀囚犯的常规工

---

① "14f13 行动"是 1941—1944 年纳粹政权对集中营中老弱病残及不具劳动能力的囚犯进行筛选和屠杀的行动代号。

具。氰化氢结晶颗粒与氧气结合后，在约 26 摄氏度下便会转化为气体，只要少量便足以致命。

首批受害人是来自苏联的战俘，此外还有属于其他类的病弱囚犯，其中包括来自上西里西亚东部强制劳动营的犹太人。1941 年 9 月 5 日前后，奥斯维辛启动了首次大规模屠杀，有超过 600 名苏联战俘和约 250 名患病的其他囚犯于惩戒区（第 11 区）地下室的小房间内遭杀害。此外还有被编入惩罚队的人员，其中有不少波兰人，他们因为帮助一名囚犯逃亡必须受到"惩罚"。随即劳动队开始清理尸体并加以利用：囚犯们必须将死者从地下室拖到惩戒区的院子里，脱去他们的衣服，然后抬上平板车，拉去挖好的万人坑掩埋。为了能在其他囚犯面前更好地保密所发生的一切，同时也因为清理地下室尸体的工作极为辛苦，1941 年，谋杀行动搬至主体营一座于 1940 年 8 月投入使用的焚尸场（后来被称为"老焚尸场"或"一号焚尸场"）内进行。停尸房被改作毒气室，门被封死，"齐克隆 B"从天花板的开口处注入。焚尸场直到 1942 年 12 月都作为屠杀场所使用，而直到 1943 年 7 月仍在焚烧被害者的尸体。每次只要执行谋杀行动，整个主体营便宣布进入宵禁，发动机发出巨大的轰鸣声，喇叭声响尖锐刺耳，掩盖了行将死去的人们的绝望呼号。

比克瑙

　　1941 年秋，在距离主体营两千米远的比克瑙——曾经的布热伊尼察（Brzezinka）建起了一座体量巨大的集中营。希姆莱希望在这里被监禁的数以万计苏联战俘投入强制劳动，为其庞大的殖民计划服务。这座命名为"战俘营"的集中营计划容纳 5 万名囚犯，随后首先扩容至 15 万，后来则达到 20 万人。

　　在德军入侵波兰以前，比克瑙是一个人口不多的地方，当时仅有 3800 名居民——其中不乏大量犹太人。但随着战争的打响，犹太人早早被送进了附近的犹太隔离区，而波兰人也因为 1941 年春推行的移居政策而遭到驱逐。但与鲁道夫·霍斯在战后所做的笔录和供词陈述有出入的是，决定建造集中营的日期并不是希姆莱首次访问奥斯维辛的 1941 年 3 月 1 日，而是在 1941 年 9 月 26 日才下达的建设命令。

　　1941 年 10 月党卫队一级突击队中队长卡尔·比绍夫（Karl Bischoff，1897—1950）[①]走马上任，他当时是

———————

　　① 比绍夫本职是一名工程师，在加入纳粹党和党卫队之

快速组建的奥斯维辛武装党卫队和警察部队中央工程部的主管，该部门的主要任务是组织建设工程工作。但一开始集中营建设所在地并未选择在比克瑙，而是紧邻主体营的奥斯维辛市辖区扎索勒（Zasole）的一片区域。直到一次实地考察中，霍斯才使规划者将目光投向比克瑙。1941年10月4日（集中营）选址确定，短短数天之后便开工建设。

值得注意的是比克瑙集中营与同一时期建造的、位于卢布林的马伊达内克集中营在设计方案上的相似性——后者的建设决议仅比比克瑙早了一天：距离位于总督府的扎莫希奇（Zamość）定居项目不远的马伊达内克同样也是作为战俘营加以修建，并且首先投入劳动力储备之用。

随着比克瑙的兴建，新的管理改革在奥斯维辛开始发挥作用：党卫队为新抵达的苏联战俘发放了新系列的囚犯编号，但同时又保留了1940年启用的编号，因此同时投入使用的是两套编号体系；而1942年1月增加的三分之一编号为劳动教养犯。苏联战俘必须用一个针状金属模具在左胸前纹上囚犯编号。从1942年中期开

后，主要负责建筑工程实务并因此平步青云，成为党卫队系统内的高阶军官。

始大批运送至此的犹太人则在左前臂上纹下一个独一无二的号码。从 1943 年春开始，这一规则适用于所有囚犯（但帝国德意志人和所谓的劳动教养犯除外），无论是初来乍到，还是已经进行过登记，都要经过这一操作。只有当 1944 年大量犹太人被驱赶至比克瑙，并且一般情况下会被立即处死的情况下，党卫队才放弃对其文身。只有奥斯维辛才采用文身，在其他集中营，囚犯或将写着自己编号的白铁牌挂在脖子上，或者用链子或绳子拴在手腕上。从 1943 年 9 月开始，在奥斯维辛集中营出生的婴儿（推测总计有近 700 名），不再被立即处死，而是被作为"新成员"进行登记，但只要他们不是帝国德意志人的孩子，就必须在大腿或臀部上纹上编号。

比克瑙的生存条件相比主体营更为可怕。在这片常年潮气逼人的地方，伫立着用砖石砌成的窝棚，没有铺装地面，没有取暖炉和电灯。供囚犯睡觉的地方是四平方米大小的三层床铺。每个窝棚设计容纳 180 人，但党卫队却塞进去了超过 700 人。还有大量的囚犯不得不栖身于木结构的马棚内，它们没有窗户，只用薄薄的木板隔出了一个个的小间，有两扇小小的老虎窗。马棚由 52 个饲养马匹的马厩组成，但在搬入三层床铺后却至少要睡 400 名囚犯。但无论是砖砌还是木结构房屋均未设卫生设施。到处都是有害生物，而持续的用水短缺使得居住条件越发恶劣，导致了时疫如伤寒和斑疹伤寒的肆虐。但直到这些传染病不仅导致集中营内死亡率迅速攀升，还席卷了党卫队驻地之时，集中营指挥官才于1943年下令建造用于盥洗、如厕的窝棚，还在一些砖房内配备了一些医疗装置。

约有1万名苏联士兵于1941年10月抵达奥斯维辛，他们起初居住在与主体营隔离开来的区域，大门上贴着"俄国战俘劳动营"的标签。起初将苏联战俘作为劳动力储备被认为取之不尽、用之不竭。但由于经济及粮食政策原因，他们中有数万人死于饥饿，总计570万苏联战俘中，死亡人数高达330万，其中仅截至1942年2月就有约200万人死亡。

在奥斯维辛生活不到一个月之后，1941年10月运抵的这批苏联士兵便只剩下不到一半人，至1942年2月时还有两千人。1942年3月，幸存的600人被转移至比克瑙，到1942年5月时就只剩下186人。这表明苏联战俘无法作为主要劳动力使用，比克瑙集中营因此开始转型为灭绝营，但这一转型决策的步骤已无法更为深入准确地逐一追溯了。

应该是在苏军士兵大批死亡之后，犹太人才被重新考虑作为大规模"东部"殖民计划中的劳动力，数万人因此被送往奥斯维辛—比克瑙。1942 年 1 月，希姆莱便事先通知有 15 万犹太人即将抵达，由于其中三分之一为女性，主体营中十处用墙隔开的营区被用作妇女营，最初由专门监禁女性的拉文斯布吕克集中营的指挥官领导。1942 年 8 月中，妇女营被整体迁往比克瑙，由此在 B Ia 和 B Ib 两块区域（所有监区均用字母缩写和罗马数字标记）形成了一座新的妇女集中营。约有 1.3 万名女性搬入原本已容纳了 5 千人的窝棚。随着女性囚犯增多，首批女看守抵达奥斯维辛的党卫队驻地。但集中营指挥官霍斯认为女性并不适合充当看守，因此在每个岗位上还配备了一名男性党卫队队员，如此一来在营区看守、日常管理和劳动队看守部门就始终存在两套人马。

比克瑙集中营首先是作为一座规模很小的主体营的附属营存在，1943 年 11 月，由于霍斯晋升，集中营行政结构重组，此后它便成为一座独立的集中营。

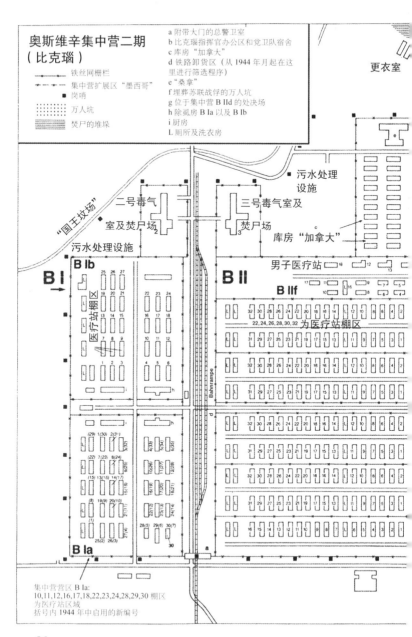

奥斯维辛集中营二期
（比克瑙）

━━━━ 铁丝网栅栏
━╋━ 集中营扩展区"墨西哥"
■ 岗哨
▦ 万人坑
▨ 焚尸的堆垛

a 附带大门的总警卫室
b 比克瑙指挥官办公区和党卫队宿舍
c 库房"加拿大"
d 铁路卸货区（从1944年月起在这里进行筛选程序）
e "桑拿"
f 埋葬苏联战俘的万人坑
g 位于集中营 B IId 的处决场
h 除虱房 B Ia 以及 B Ib
i 厨房
L 厕所及洗衣房

更衣室

"国王坟场"

二号毒气室及焚尸场

三号毒气室及焚尸场

污水处理设施

污水处理设施

库房"加拿大"

男子医疗站

B I

B Ib

医疗站棚区

B II

B IIf

22,24,26,28,30,32 为医疗站棚区

Bahnrampe

B Ia

集中营营区 B Ia:
10,11,12,16,17,18,22,23,24,28,29,30 棚区
为医疗站区域
括号内1944年中启用的新编号

96

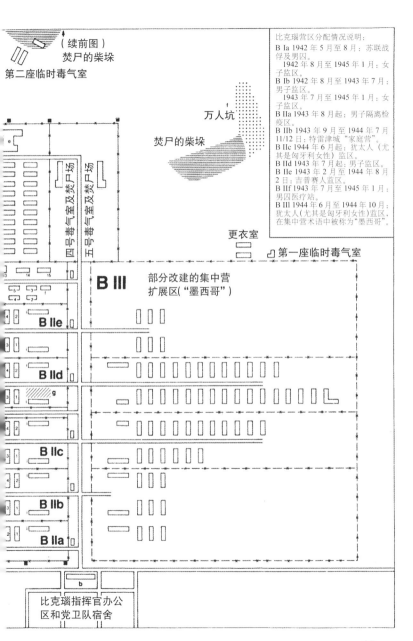

（续前图）
焚尸的柴垛
第二座临时毒气室

万人坑

焚尸的柴垛

四号毒气室及焚尸场

五号毒气室及焚尸场

更衣室

第一座临时毒气室

B III 部分改建的集中营
扩展区（"墨西哥"）

B IIe

B IId

B IIc

B IIb

B IIa

比克瑙指挥官办公
区和党卫队宿舍

比克瑙营区分配情况说明：
B Ia 1942 年 5 月至 8 月：苏联战俘及男囚。
　1942 年 8 月至 1945 年 1 月：女子监区。
B Ib 1942 年 8 月至 1943 年 7 月：男子监区。
　1943 年 7 月至 1945 年 1 月：女子监区。
B IIa 1943 年 8 月起：男子隔离检疫区。
B IIb 1943 年 9 月至 1944 年 7 月 11/12 日：特雷津城 "家庭营"。
B IIc 1944 年 6 月起：犹太人（尤其是匈牙利女性）监区。
B IId 1943 年 7 月起：男子监区。
B IIe 1943 年 2 月至 1944 年 8 月 2 日：吉普赛人监区。
B IIf 1943 年 7 月至 1945 年 1 月：男囚医疗站。
B III 1944 年 6 月至 1944 年 10 月：犹太人（尤其是匈牙利女性）监区，在集中营术语中被称为 "墨西哥"。

第六章

大屠杀的中心

大屠杀的设施与技术

奥斯维辛—比克瑙之所以能分阶段地进行大规模屠杀行动，主要取决于技术设施与合乎逻辑的计划。霍斯在战后接受审讯时提到希姆莱于 1941 年夏命令他前往柏林并委托其执行屠杀欧洲犹太人的任务，但很多材料均已指出，霍斯搞错了时间。这是因为系统谋杀集中营犹太人的行动不可能早于 1942 年启动，而奥斯维辛—比克瑙成为大屠杀的中心则一直要到 1943 年。当时，贝热乌茨集中营已经关闭，特雷布林卡和索比堡则因为

1943 年 8 月 2 日和 10 月 14 日爆发起义①后停止谋杀行动。向马伊达内克集中营输送被驱逐者的行动也被中止，但直到 1943 年 11 月，仍有约 8 千名犹太人在那里被枪杀。

但迟迟无法明确的是，在启动大屠杀的比克瑙集中营内出现的首座临时毒气室到底直到 1942 年春才投入使用，还是在当年年初就已经开始运作？它由一间被迫迁出的农民的房子改装而来，党卫队因其砖墙未经粉刷而称之为"红房子"，后来也叫作"掩体一号"（Bunker I）。距离不远处出现的第二座临时毒气室则位于经过粉刷的"白房子"内，也就是"掩体二号"（Bunker II）——据推测可能于 1942 年 5 月投入使用。

起初，负责运输被驱逐者的列车停在比克瑙高地距离这两座房子 1.5 千米的一根副轨上，它属于奥斯维辛货运火车站，铁轨尽头是一片开阔地。挤在运牲口的车

---

① 1943 年 8 月 2 日，特雷布林卡集中营中几名从事技术工种的囚犯在经过数月的谋划和筹集资金、武器后组织暴动，在摧毁集中营内大量建筑后有超过 200 名囚犯逃离集中营，但其中多数被重新抓捕回集中营后遭到处决。同年 10 月 14 日，在关押于索比堡集中的部分苏军战俘组织策划下，索比堡也爆发了由约 600 名囚犯参与的暴动，300 多人逃离集中营，但最终只有 200 多人成功逃脱。

厢的人们经历了通常长达数天乃至数周的旅程，饱受饥渴和极为恶劣的卫生条件煎熬，最后在党卫队队员的叫喊与拳打脚踢下被赶下了火车。他们按性别分列，排着队行进到党卫队医生及其他工作人员跟前。被鉴定为没有劳动能力的人必须步行前往上述两座掩体；夜间则由载重汽车将人运过去。在要求沐浴的借口下，赤身裸体的人们被引导进内室。"掩体一号"可以容纳约 800 人，"掩体二号"则为 1200 人。一旦室内满员，密不透风的门就会被关上，党卫队消毒员从侧壁开口处向内灌注齐克隆 B。医生则负责监督这一谋杀行动，但从 1942 年 8 月起，因为原材料短缺已不再添加气味物质，因此他们首先关心的是执行任务的党卫队队员是否会因气体飘散而中毒。

被害人的尸体被送往主体营的焚尸场，或者被撒上石灰扔进附近挖好的万人坑内。从 1942 年 9 月开始，一支由党卫队队长保罗·布洛贝尔（Paul Blobel，1894—1951）领导的特殊部队——被称为"1005 特别小分队"（Sonderkommando 1005）将这些尸体重新挖出来毁尸灭迹：囚犯们在光天化日之下将它们堆在木柴上，部分则放在坑内，加以焚烧。布洛贝尔作为 C 突击部队的特别小分队长官，曾组织过基辅（Kiev）和波尔塔瓦（Poltava）①的大规模处决行动。自1942年6月起，他负责在整个东部占领区的尸体焚毁工作，即所谓的"掘地行动"（Enterdungsaktion），以及海乌姆诺灭绝营的工作，霍斯于1942年9月中旬向该集中营介绍了毒气室的方法。在三个月左右的时间内，布洛贝尔共焚烧了约10万具尸体，骨灰被抛入维斯瓦河与索瓦河。

在这两座掩体中进行的谋杀行动一直持续到1943年春天。随后这两间房子被弃置不用，焚尸坑也被填平。（随后）"掩体一号"被拆除，而"掩体二号"则于1944年5月开始大规模屠杀匈牙利犹太人时重新投入使用。但此时党卫队已开始考虑新建更大的场所：在主体营兴建二号焚尸场从1941年秋天起就开始计划，但一开始以失败告终，但从1942年7月起，在比克瑙出现了一座新的焚尸场，它由位于卡托维茨的胡塔地上及地下工程股份公司（Huta Hoch-und Tiefbau AG）负责建设；西里西亚的工业建筑企业兰茨两合股份公司（Lenz & Co. AG）则因人手短缺回绝了这一委托。来自埃尔福特的托普夫父子公司（Topf und Söhne）负责建造焚化炉和其他一些设施，其中包括用于将尸体运往焚化车间的电力升降机以及测量氰化氢残余量的气体测量仪。但

---

① 均位于乌克兰。

第二座焚尸场仍然无法满足需求：1942年8月当局决定建造更多的"焚尸场"，时至今日，它依然是大屠杀设施的标志。

三号焚尸场根据二号焚尸场平面图建造，二者呈左右对称排列在集中营主路两边。四号与五号焚尸场的排列也类似，但因周边有高大的树木而被党卫队员称为"森林焚尸场"。所有四座焚尸场所与囚犯们的板房保持一定的距离，并且它们被通电铁丝网、树林和灌木丛掩藏了起来，由身佩机枪的党卫队队员把守。

然而，杀人机器的建造一直拖延至1943年，除天气状况糟糕之外，也极可能是因为托普夫父子公司必须研发特别设备，他们于1942年10月取得这一"技术创新"的专利。焚烧目的也对工程师开诚布公，对制订计划并监督生产的库尔特·普吕弗（Kurt Prüfer，1891—1952）来说更是如此。然而这样的任务不仅被完成，而且人们还野心勃勃地致力于克服技术"难关"，例如普吕弗建议在二号焚尸场安装供暖设备，以加速齐克隆B在冬天发挥作用。后来党卫队采纳了这个建议，并在毒气室内放置了便携式煤炉。

四号焚尸场率先完工，它于1943年3月2日交付党卫队使用，紧随其后的是3月31日完工的二号，4

月 4 日完工的五号以及 6 月 24 日完工的三号焚尸场。根据托普夫父子公司的计算，所有这些设施（包括坐落于主体营，并于 1943 年 7 月停止使用的所谓"老焚尸场"在内）每天可焚化 4756 具尸体。

按照设计，每天可以焚化 1440 具尸体的二号焚尸场和三号焚尸场规模最大。在这两栋建筑的一层设置有焚尸车间，地下层则是更衣室、毒气室和停尸房。在通往更衣室的楼梯边悬挂着一块黑板，上面用德、法、希腊、匈牙利语提示着通往"淋浴室"和"消毒室"的道路。条凳和标有数字的挂衣钩制造出等待人们回来拿走自己那些破衣烂衫的假象。黑板上还写着诸如"一只跳蚤足以致命"或"洁净使人自由"一类的标语。通往毒气室的入口处写着"淋浴及消毒室"。紧贴着天花板悬挂着安装在木头上的过滤器，它们看上去就像淋浴喷头一样。党卫队在关闭每次最多可容纳两千人的毒气室之前，偶尔还会分发肥皂和毛巾。齐克隆 B 从四个特殊装置渗透进室内，经过伪装的管道被金属网包裹着通出屋顶，它内部是空心的，但从外面看起来与烟囱无异。党卫队队员从屋顶填入毒药，然后用水泥盖板封住出口处。

密封的毒气室门可以用铁锁上锁。而在齐眉高的位置安装有一个一厘米厚的双片玻璃窥视孔，前面则有金属栅格保护，避免遭到窒息者的撞击。党卫队队员可以通过这个开口观察死亡的过程，它可能持续 20 分钟甚至更长时间。受害者死亡后，再开启鼓风机驱散毒气。四号和五号焚尸场由于没有通风设备，则直接打开大门自然通风。

在二号和三号焚尸场，紧挨着毒气室的是停尸房，它主要用来收集被害人衣物、眼镜、假牙和毛发。通过一台升降机将地下室内的尸体运上焚化车间（每三间停尸房配备五座焚尸炉）。同一楼层上，二号焚尸场设立了一间尸体解剖室，三号焚尸场则有一间专门融化金牙的房间。在这两处焚尸场的焚化车间隔壁还有为执行枪决行动配备的盥洗室（不同于四号和五号焚尸场），一旦运抵人口少于 200 人，通常采取就地枪决的方式：这些受害者五人一组，被近距离枪击颈部后致死。

四号和五号焚尸场内的更衣室以及由 3 到 4 间房间组成，同样可容纳约两千人的毒气室则并不位于地下室，而是与焚化车间同在一层。这里的更衣室也设置了条凳和标有数字的挂衣钩，只是毒气室没有了伪装的淋浴喷头。在其外墙上嵌入了类似"红房子"和"白房子"那样窗户大小可以通过金属阀开闭的开口设计，通过这些开口投入齐克隆 B 便可以渗透进毒气室。因此，这里的毒杀过程与其他几座灭绝营大同小异，党卫队医生也需要在此进行监控。所有经四座焚尸场焚烧后的骨灰被倾倒在周围挖掘好的坑洞中，在那里被装上载重卡车后抛入附近的河道和鱼塘，或作为肥料洒在农田里。

由于党卫队要焚烧的尸体比技术设计的多得多，焚化时间从2—5小时压缩到一个半小时，很快焚化炉和烟囱便出现了大规模损坏。由于温度过高，焚尸场运作反复失灵，例如1944年夏天，当时（被焚化的）尸体不得不放在坑洞中露天进行第二次焚烧，并且不得不请来埃尔福特的技术专家维修设备。

清理尸体的工作则由被称为"特别小分队"的囚犯们来完成，它主要由不同国籍的犹太囚犯组成，此外还有一些非犹太人和苏联战俘。1942年4月时这支队伍大约为80人，很快就达到约200人，1944年初约为400人；最终，当大屠杀达到顶峰阶段，小分队不得不夜以继日工作时，其人数接近900人。这些人将初来乍到者的行李从车厢里搬到卸货平台，陪同他们前往焚尸场更衣，并将他们的尸体搬出毒气室；他们还必须折下死者颌骨上的金牙，从手指上取下戒指，剪下妇女的长发；随后他们用升降机或者敞篷货车将尸体拉去焚化车间，将其化为灰烬，有时还要挖掘万人坑和焚烧坑。一旦在坑洞中焚烧尸体则要持续数小时之久，此时这些人要在党卫队的监视和驱赶下控制火势，引导气流，用钢制钩子移动被烧着的尸体，最后他们还要将未烧尽的尸骨碾成粉末。

德意志帝国则从这些死者身上获益匪浅。金牙被溶掉后制成金锭存入帝国银行。人类毛发被纺成线，加工成战争工业所需的毛毡，可能还被用于生产床垫和多股绳索；买主包括不来梅羊毛精梳厂以及纽伦堡毛毡工厂，他们以每千克 50 分尼的价格进行收购。骨灰不仅被当作肥料播撒，还用于道路填充物以及集中营建筑隔热材料使用。党卫队还将骨粉出售给位于斯切梅什采（Strzemieszyce）的肥料公司。

由于屠杀行动需要保密，特别小分队被严格与其他囚犯隔离开来，他们居住在特定的板房中，起初位于主体营的惩戒区，后来是在比克瑙的男子监区。1944 年中期，这些囚犯被转移到焚尸场所在地并被安顿在阁楼上。但特别小分队的工作也仅能帮助囚犯延长数周的生命——最"长寿"的一个例子是八个月，随后这些囚犯通常被悉数枪决。一旦有新人运抵，新的特别小分队也随之组建起来，并按小组分配到各个焚尸场。没有人自愿参加这项工作，许多人很快选择了自杀。在总计约两千名被迫为特别小分队工作的囚犯中，仅有少数人活了下来，随后为这一犯罪行为提供证据；同样流传下来的还有由不同作者秘密撰写的笔记与日记。

继续在奥斯维辛建造一套规模更庞大的屠杀与焚化设施——六号焚尸场的方案于 1943 年初被提出，1944年加以修订，然而这一计划并未实现。经过了将近一年的建设之后，直到 1944 年 5 月来自匈牙利的大批囚犯运抵时，在紧挨着二号和三号焚尸场地方建成了一条经过长期规划的通往比克瑙的副轨，它被党卫队称为"犹太人装卸台"。

来自全欧洲的被驱逐者们被允许携带 30 到 50 千克的行李前往集中营，然而这些东西在他们抵达后就直接被没收了。有近两千名囚犯作为清理小分队分成两班工作，将带有食物、家居用品、衣物、药品的行李进行集中和分类；家具和地毯也被运入集中营，除此之外还有外汇、钟表和首饰。这些家产和财富被保存在 30 个由铁丝网环绕的库房内，这些库房是在 1943 年底兴建集中营 BIIg 区时建造的。在集中营的行话里，库房区被称为"加拿大"，因为在给它命名的波兰囚犯看来，加拿大无比富裕。在"加拿大"工作被看作一种特权。尽管偷窃会遭到严厉惩罚，但来自库房的东西依然被视为有价值的货币在集中营里流通。

这些掠夺来的财产属于国家财产：帝国银行取得金钱和贵金属，纺织品、鞋子和家具归属德意志移民；IG 法本、托特组织、"帝国青年领袖"①及不同的集中营亦在考虑之列。空军飞行员、U 型潜艇人员以及房屋被炸毁的柏林居民则可获得廉价手表。满载着物品的数百车皮于 1943 年离开集中营。黄金、首饰和外汇每个月都能装满至少两个重达一吨以上的铅封箱子，并用载重卡车运抵帝国首都。

事实上，还有不计其数的黄金与财宝消失在奥斯维辛的党卫队队员手中，尽管死刑的处罚颇具威慑力，但他们仍肆无忌惮地大肆敛财。一旦被怀疑，队员之间会相互包庇，这就解释了为何 1943 年 7 月在党卫队二级突击队大队长康拉德·摩尔根（Konrad Morgen，1909—1982）领导下的委员会调查结果会石沉大海。

集中营库房是一个令人垂涎欲滴的大宝藏，自然无法对普通公众保密。许多文献均提到大众对奥斯维辛发生的罪行的感受。居住在党卫队住宅区的家属，除此之

---

① "帝国青年领袖"是一个成立于 1933 年 3 月，旨在塑造德意志青年世界观，并确保纳粹未来统治需要的青年组织，其下属的青年人团体最出名的便是希特勒青年团。

外的平民也在集中营指挥所打听，是否有可能出售甚至免费获取这些财物。

谋杀犹太人

1942 年 3 月底，首批由帝国安全总局组织运送的大规模人员运输抵达奥斯维辛—比克瑙：3 月 25 日午夜至 26 日凌晨之间有 1 千人到达，两天后则有 800 名来自斯洛伐克犹太妇女到来，随后的 3 月 30 日又有 1100 余名由法国拘留营输送的不同国籍犹太男女抵达。由于帝国安全总局迫切渴望将这些犹太人投入劳动，因此他们没有被立即处死，而是被登记在册后送入集中营。系统的屠杀行动——受害者是来自上西里西亚东部、斯洛伐克、法国、比利时及荷兰的犹太人——于 1942 年 5 月启动，并从 1942 年 7 月起成为常态化操作。

大批西欧犹太人于 1942 年夏起被运往奥斯维辛—比克瑙，可能是出于现实原因：因为在国防军的春季攻势过后，通往马伊达内克及三座"赖因哈特行动营"的运输线已被切断，因此奥斯维辛—比克瑙很可能是作为备用营投入使用。杀人技术由此被扩散，而屠杀的规模也随之扩大。

1942 年 7 月 17—18 日，希姆莱前往奥斯维辛—比克瑙集中营进行为期两天的视察工作。他参观了当地的农业企业并批准了若干建设方案，但此行的重头戏却是一场大屠杀"表演"：借着一批刚刚运抵的荷兰犹太人，集中营方面向希姆莱"展示"从进行筛选到直到在"掩体二号"毒气室进行处决的过程，以及特别小分队的工作。随后在上西里西亚大区领袖弗里茨·布拉赫特（Fritz Bracht，1899—1945）官邸中举办的欢迎晚宴上，党卫队头子对此表达了高度肯定。第二天他还在 IG 法本工厂领导陪同考察莫诺维茨建设工地之前，将集中营指挥官霍斯提拔为党卫队一级突击队中队长。很快希姆莱做出明确指示，要求波兰总督府辖区内，除少数集中营外，至年底时应实现"无犹太化"。

被送往奥斯维辛的欧洲犹太人数量逐月增加。如果说直到屠杀行动开启之前，犹太人还只占囚犯总人数的很小一部分，那么在此之后他们就成了最大群体。运抵的犹太人不再进行登记编号，而是经筛选后直接处死。步西欧犹太人后尘到来的囚犯们来自批准采取驱逐行动的德国盟友，例如克罗地亚、挪威，之后还有意大利和匈牙利。随后愈来愈多国家的犹太人被送进集中营，其中在 1942 到 1943 年交替之际，就有来自南斯拉夫、希腊以及法国南部地区的犹太人。

第一批由帝国安全总局组织运送德意志犹太人，从维也纳发车，于 1942 年 7 月中旬抵达。随后，1942 年 11 月和 12 月从柏林发出首批帝国国境内的犹太人。就在 1942 年 10 月颁布有关德国本土所有集中营要实现"无犹化"的命令后，有将近两千名被监禁在那里的犹太人被运往奥斯维辛—比克瑙。但由于劳动力的严重短缺，纳粹政权不得不于 1944 年 3 月出面对这一措施进行修正；犹太囚犯随后重新回到集中营，为军事装备工业服务——首先是进行地下开采及巷道挖掘（特别是在附属于布痕瓦尔德的米特鲍尔—多拉集中营，以及达豪下属的考夫林外围营群）。

通往奥斯维辛—比克瑙大屠杀的一座中转营则是特雷津城（Ghetto Theresienstadt）犹太隔离区。被监禁于此的是来自德国本土的老年犹太人，也包括参加过一战的犹太士兵及其家属，此外还有根据《纽伦堡法》被认定为犹太人的"混血人种"，以及来自波西米亚及摩拉维亚附属国的犹太人。针对特雷津城驱逐行动于 1943 年 9 月 8 日展开，近 1.8 万名犹太男女被送进所谓的家庭营，它坐落于比克瑙集中营中特别划出的监区 B IIb 内。然而对于这部分犹太人的处理却非同寻常——

至少暂时看来是这样的：特雷津城犹太人既没有按照性别男女分开，也没有进行筛选，行李也不必上缴，他们可以保持自己的平民着装，孩子还可以留在成年人身边。他们享有各种"优待"，并且只有少数人才被分入劳动队。而在一处平房内还设立一所学校和一间幼儿园，这里还被允许画上童话场景。

与特雷津城犹太隔离区功能类似，位于比克瑙的这座家庭营旨在为纳粹政权宣传造势，目的在于"驳斥"流传在世界各个角落有关屠杀犹太人的消息。但对特雷津城犹太人的优待仅持续了半年左右，党卫队分两个阶段解散这一"家庭营"：几乎所有囚犯于 1944 年 3 月和 7 月先后遭到谋杀，约 3 千人被转移到其他集中营。

1944 年夏，大屠杀达到了最后的高峰。每天约有最多 1 万名匈牙利犹太人被运抵新落成的"犹太人装卸台"进行筛选。5 月 15 日至 7 月 9 日之间就有共计约 43 万人抵达，其中约 20% 被送进集中营，其余的均被立即处死，并因此成为最大规模的屠杀行动之一。尽管匈牙利在很长时间里顶住了来自德国的巨大压力拒绝驱逐犹太人，但整个国家被军事占领并建立起一个傀儡政府后，死亡运输的列车便在阿道夫·艾希曼（Adolf

Eichmann, 1906—1962）①领导下开启了。艾希曼是帝国安全总局大规模运送犹太人行动的组织者。在集中营内部，高层也对大屠杀高度配合：鲁道夫·霍斯正是带着这一特殊任务返回奥斯维辛，并在短短数周内就完成了使命。他在荣获一等和二等战功十字勋章嘉奖后于1944年7月29日离开集中营，重新前往柏林。

艰难的运输条件并未能阻碍帝国安全总局的步伐。1944年夏，仍有来自罗德（Rhodos）、克基拉（Korfu）、克里特（Kreta）及其他希腊诸岛的犹太人被驱赶至奥斯维辛—比克瑙。6万到7万名来自波兰沦陷区、最后被解散的罗兹犹太隔离区的犹太人，于1944年9月和10月来到集中营，此外还有斯洛伐克犹太人。1944年10月30日，满载着约两千名犹太人的列车驶离特雷津城，这是最后一次大规模运输行动，这些人可能也是最后一批被选中的犹太人。

---

① 艾希曼是执行"犹太人最终解决方案"的主要负责人，战后他逃往阿根廷，开始隐姓埋名的生活。1960年5月被探明其下落的以色列情报员绑架并押送回以色列，1961年4月受审，这场著名的审判也称"艾希曼审判"。1962年5月艾希曼被处以绞刑。

其他受害者群体

辛提人和罗姆人，即所谓的"吉普赛人"，由于种族原因早在战争开始之前就已在德国本土遭到迫害并被关进集中营。1942 年 12 月，希姆莱下令要在整个战争期间对他们做出安排，很快，奥斯维辛—比克瑙就被确定为其中最主要的集中营。1943 年 2 月 26 日首批来自德国本土的囚犯运抵。至 1944 年 7 月，总计有 22600 名吉普赛人被分批送往奥斯维辛—比克瑙，其中一半是儿童和青少年。

约 1700 名吉普赛人在到达后不久就被十分可疑的斑疹伤寒夺去了生命，剩下的人则以囚犯编号"Z"进行登记。以标志和数字进行系列编号，是党卫队启动大规模集中押解行动后才采取的做法。"A"和"B"用于标记犹太人。和特雷津城犹太人一样，吉普赛人以家庭为单位被圈禁在特别划出的监区（BIIe）内——这里也被称为"家庭营"，并且他们在一段时间内同样享有类似的优待——他们可以保持自己的平民着装，不必剪短头发，保留自己的行李，还为儿童提供了一间由平房改建的幼儿园。吉普赛人不像其他囚犯那样被强制为工业企业劳动，但必须从事艰苦的挖掘或建筑工作，例如建造比克瑙的装卸台以及铺设轨道。吉普赛监区的生活条件也十分可怕，因此在短时间就有约 7 千名男女吉普赛人及儿童死亡，其中多数死于伤寒，还有很多人（主要是幼儿）则死于极度营养不良导致的"走马疳"（口颊坏疽）[①]——这一病症在集中营的其他区域则并未发现。

1944 年 5 月希姆莱下令处死吉普赛人，而在此之前已有约 3 千人被转移到其他集中营。但现在，许多人心脏被注射苯酚而沦为有针对性谋杀的牺牲品，这种手法被医生和护士称为"喷射"。1944 年 8 月 2 日，这片吉普赛监区被解散，最后一批吉普赛人于夜间在五号焚尸场内被处死。

另一个数量庞大的受害者群体则是非犹太裔波兰人。其中主要是由政治部监管的独立类型，即所谓的"警察刑事犯"，他们因为违反所谓的"波兰特别刑法条例"（*Polensonderstrafrechtsvoerorndung*）而遭逮捕，并被关押于主体营惩戒区的地下室小隔间内。"刑事犯"们被带往警察法庭受审，该法庭由卡托维茨盖世太保头子（直到 1943 年 9 月为党卫队二级突击大队长鲁道夫·米尔

[①] 症状主要表现为破坏牙龈软组织或骨质，导致牙齿脱落，牙槽骨或颌骨坏死。

德纳 [Rudolf Mildner，1902—？] 担任，之后则是一级突击大队长约翰内斯·蒂姆勒 [Johannes Thümmler，1906—2002]）主持，定期在惩戒区召开。这座令奥斯维辛集中营转变为审判场所的法庭，从1943年1月起，每隔4—6周召开一次。凭借快速流程，每次开庭宣判不下100次，但几乎所有的裁决都以死刑告终，并在惩戒区院子的"黑墙"前立即执行。在这些被警察法庭宣判的人中，有青少年、儿童以及白发苍苍的老人。1943年12月，集中营指挥官利贝亨舍尔命人拆除这座"黑墙"，但这并不意味着处决的终结，在四号焚尸场，枪击颈部处决仍在继续。

奥斯维辛的医生

许多纳粹集中营还充当了所谓的医学研究场所。奥斯维辛便是纳粹政权为了服务重大战争目标而进行人体实验的中心。医学专家们纷纷前往奥斯维辛，其中不乏著名科学家。他们设立研究室、实验室和手术室，肢解、谋杀和解剖囚犯。即使被实验者能够在试验过后幸存下来，也大多死于随后出现的后遗症。

妇科医生卡尔·克劳贝格（Carl Clauberg，1898—

1957）是位于上西里西亚柯尼希斯赫特（Königshütte）[①]一家妇科诊所的主任医师。从 1942 年底起，在其坐落于主体营 10 号监狱二楼属于自己的研究室内，他利用上百名妇女研究大规模绝育与人工授精的方法。而拿妇女做实验的还有驻地医生爱德华·维尔茨（Eduard Wirths，1909—1945）及其兄弟，后者是汉堡的一名妇科医生。党卫队二级突击队大队长霍斯特·舒曼（Horst Schumann，1906—1983）领导着皮尔纳（Pirna）附近格拉芬埃克（Grafeneck）和松嫩施泰因（Sonnenstein）的"疗养院"——这是采用所谓"安乐死"的方式处死那些精神病患和残疾人的地方。"14f13 行动"期间，他于 1941 年 7 月成为奥斯维辛集中营内一个医学委员会的主管，并顺利将超过 570 名所谓的残疾人、患有慢性病和年老体衰的囚犯运往松嫩施泰因的杀人场所。1942 年 11 月舒曼又作为医生来到集中营，并在超过一年半的时间里采用 X 光照射对男女囚犯进行绝育试验。约翰·保罗·克雷默（Johann Paul Kremer，1883—1965）是明斯特大学的解剖学和遗传学教授，他从 1942 年 8 月至 11 月间对体质虚弱的囚犯进行饥饿研究，即营养

[①] 这座城市今属波兰，在波兰语中被称为"霍茹夫"（Chorzów）。

不良对人体组织构成那些影响。从事饥饿与预期寿命之间关联研究的还有党卫队二级突击队中队长汉斯·明希（Hans Münch，1911—2001），他是一名医生，1943年底代替布鲁诺·韦伯（Bruno Weber，1915—1956）①领导奥斯维辛武装党卫队卫生学研究所。这是由化学家、生物学家和医生共同工作的研究机构，于1942、1943年交替之际作为柏林党卫队卫生保健部的机构成立。随着高度现代化实验室布置完毕，研究所于1943年春从主体营的10号监区搬迁至位于党卫队经济利益区内的拉雅斯科（Rajsko）。大多数的所谓"研究"关注的是传染病，诸如斑疹伤寒、疟疾和梅毒。试验分成尸体和活体两种：被谋杀者的尸体部分被细菌实验之用，而活人则被用于血液学研究，许多囚犯因失血过多而死。

　　1943年5月，党卫队一级突击队中队长约瑟夫·门格勒（Josef Mengele,1911—1979）来到奥斯维辛。这名32岁的医学和人类学博士（同时拥有哲学博士学位）可能直到当年年初还作为党卫队维京师成员在东线作战，随后才因伤被召回柏林。这位柏林达勒姆威廉皇帝人类学研究所所长奥特马尔·冯·费许尔男爵（Otmar Freiherr von Verschuer，1896—1969）的助手，很显然

―――――――――
　　① 韦伯是一名医生及细菌学家，同时则是党卫队军官。

118

在奥斯维辛发现了从事其教授资格研究的理想条件。门格勒的研究方向是遗传学，尤其是双胞胎研究及侏儒症的生理学和病理学研究。他在实验室里对 1000—1500 对双胞胎进行了试验，这些双胞胎都是由比克瑙的吉普赛家庭营和监狱医院提供——仅有不超过 100—150 人在门格勒的实验下幸存了下来。儿童是他优先选择的试验者。内部器官、眼球，尤其是那些拥有不同眼球虹膜的人的，以及患走马疳的吉普赛儿童的头颅都被门格勒制成解剖标本寄往威廉皇帝研究所。

党卫队一级突击队中队长奥古斯特·希尔特（August Hirt，1898—1945），是服务党卫队"先祖遗传"基金会①的斯特拉斯堡帝国大学解剖学研究所的所长，他为了证明"雅利安"民族具有更高的种族价值，在奥斯维辛展开了致命的人类学研究：希尔特在对 12 名囚犯（几乎完全排除犹太人）进行测定后，于 1943 年盛夏将他们带往位于阿尔萨斯的纳茨魏勒—斯图道夫集

---

① 该基金会全称为"德意志先祖遗传研究共同体联合会"（Forschungsgemeinschaft Deutsches Ahnenerbe e.V.），它由希姆莱和荷兰私人学者赫尔曼·维尔特（Herman Wirth，1885—1981）于 1935 年 7 月 1 日共同建立，主要从事考古学、人类学和历史学研究与扩张。二战期间直接参与纳粹政权夺取艺术品及人体试验的行动。

中营并处死，而这些被害者的骨骼被纳入希尔特庞大的人类学藏品之中。汉堡的医生库尔特·海斯迈尔（Kurt Heissmeyer，1905—1967）则于1944年12月将奥斯维辛的犹太儿童带往诺伊加默集中营进行肺结核研究。海斯迈尔为了掩盖其从事人体试验的罪行，竟然于1945年4月命人将孩子全部吊死在汉堡一间学校里——这批儿童在其试验末期无一幸免。其他的医生，其中包括弗里德里希·恩特赖斯（Friedrich Entress，1914—1947）、赫尔穆特·费特（Helmuth Vetter，1910—1949）、爱德华·维尔茨或让囚犯感染上斑疹伤寒以测试疫苗，或接受像IG法本康采恩的委托，在囚犯身上测试新研发的药物。国防军则利用囚犯进行有毒物质的试验，其结果是导致溃疡和炎症。实验是为了让他们模拟前线士兵的病症，从中找出蛛丝马迹，以对症下药。

第七章

最后阶段

奥斯维辛与盟国

在集中营地下抵抗团体的协助下，一个由当地及地区秘密组织建立的高速运作的情报网络对于在奥斯维辛周边开展援救行动至关重要。他们通过信使和无线电将纳粹的罪行以及党卫队人员名录发往克拉科夫和伦敦。波兰流亡政府从 1941 年 11 月起在其用英语发行的报纸《波兰双周评论》（*Polish Fortnightly Review*）上开始揭露发生在奥斯维辛的暴行，并可能在 1942 年 7 月 12 日就已发布了有关毒气实验的报道。

从 1943 年秋起，全球公众首次通过英国广播公司

（BBC）获知这一骇人听闻的消息。直到此时，盟军、梵蒂冈以及一些中立国家才了解到这一罪行。在此之前的1942年8月，位于日内瓦的世界犹太人大会（World Jewish Congress）的一名代表——格哈特·里格纳（Gerhart Riegner，1911—2001）已经从布雷斯劳的线人那里得到可靠消息，并以电报形式向美国和英国发出警报。里格纳提到他的消息出自一位工业家，此人参加了当年7月中旬（上西里西亚）大区长官在其官邸为希姆莱举办的招待会。在招待会上，大屠杀被毫无顾忌地公开谈论。这份电报警告说，所有来自被德国占领及控制国家的犹太人将被集中囚禁在东部，并在那里被彻底消灭。"方法包括氰化氢，有待讨论"，电报这样写。然而英美当局并不相信里格纳的电报。

呈现在公众面前有关系统灭绝犹太人的报道，也直接来自集中营。这些报道建立在阿尔弗雷德·韦茨勒（Alfred Wetzler，1918—1988）和鲁道夫·弗尔巴（Rudolf Vrba，1924—2006，化名"瓦尔特·罗森贝格"[Walter Rosenberg]）的口述基础之上。二人为斯洛伐克籍犹太囚犯，1944年4月7日趁集中营内爆发抵抗运动之机逃出集中营，回到家乡。他们强烈警告斯洛伐克犹太委员会的代表，用于安置特雷津城居民的"家庭营"将会被解决掉，随后则是对匈牙利犹太人展开屠杀。他们还精准描述了灭绝过程的启动，焚尸场的运作模式，并给出有关集中营组织、囚犯日常生活、党卫队勾结工业企业的信息；他们还报告了日期、运输地点、囚犯编号及死亡人数。这份报告从斯洛伐克送出后辗转多时，经匈牙利和瑞士才最终送抵世界犹太人大会，然而它未能警示和拯救匈牙利犹太人，而经另两名斯洛伐克籍囚犯切斯瓦夫·莫尔多维奇（Czesław Mordowicz, 1919— ）和阿尔诺什特·罗辛（Arnošt Rosin, 1913—2000）补充和更新的内容也未能达成这一目的——他们同样于1944年5月27日幸运地逃离集中营。1944年6月中旬，这些报告的一部分，或更确切说是简报，被递交盟国方面，然后是中立的瑞典和梵蒂冈。英国广播公司播送了部分细节，瑞士媒体则刊登相关文章；美国的报刊媒体和广播电台也发布了消息。总体来说，至1944年，德国的敌对国及中立国的媒体上连篇累牍播发有关奥斯维辛的消息。

然而，尽管受到了大众的关注，但这些报告的政治影响力仍不大。盟国出于种种理由并未采取行动制止大屠杀。波兰流亡政府及英美犹太人组织提出呼吁与请求，尽管前者从1943年8月起就已开始，但其影响力却日益减弱；屠杀设施也未遭到轰炸。

1944年4月，在出动了美军侦察机后，盟国才掌握了首张奥斯维辛的航拍照片，而从1944年6月底开始，这些照片详细到可以识别出屠杀场所；此外，还可以看到装卸台以及步行前往焚尸场方向的人群——可能是正在前往毒气室的囚犯。然而自1944年初盟国在意大利福贾（Foggia）设立军用机场以来，位于德国本土之外的奥斯维辛就从未遭到过盟军轰炸，显然轰炸焚尸场和铁路线所需的战争策略和武器技术条件已经完备，但盟国对这里所发生的大屠杀并没有表现出特别明显的关切：美国战争部拒绝采取行动的重要理由是集中营并非军事目标；而英国方面则由于缺乏空中力量也无法进行轰炸。但盟军飞行联队仍会定期飞越比克瑙集中营上空，因为它们在1944年7月至11月间对其周边的合成炼油厂进行了轰炸。IG法本工厂分别于8月20日、9月13日、12月18日和26日，以及1945年的1月19日五次成为盟军打击的目标。在9月的袭击中，一枚发射错误的炸弹落在距离主体营不远的地方，除炸毁一根侧轨（并没用于"死亡运输"）外，还造成40名囚犯和15名党卫队士兵死亡。毒气室和开往比克瑙的铁路却毫发无损。

特别小分队起义

　　在集中营，没有任何一个群体会像特别小分队的囚犯那样直面大屠杀。尽管他们的"工作"导致的结果是冷漠、麻木和绝望，但特别小分队的囚犯仍可能从1943年夏天或秋天就开始组织起自己的小团体，其中许多人的经验来源于在波兰和法国所开展的共产主义地下工作。他们的目标包括夺取武器、摧毁灭绝营，组织逃跑，这也使得他们成功与集中营内一般的抵抗运动及"奥斯维辛战斗小组"的领导层建立联系。然而利益冲突也随之暴露。"斗争小组"军事委员会态度犹豫，他们希望在做好万全准备之后才发动起义，因此特别小分队计划独立推行自己的起义方案，即起义以焚尸场为中心向整个集中营辐射，并在囚犯中间触发大规模逃亡行动。然而，由于大批党卫队官兵的到达，这一在1944年7月底计划开始的行动不得不推迟。但党卫队的一个举动最终还是引发了起义：在一次逃跑未遂事件之后，党卫队在一处库房内用氰化氢毒死200名特别小分队成员。但如此一来就要另外填补300名囚犯上来，他们可以自行选择进入四号和五号焚尸场的特别小分队。但党卫队在1944年10月7日清晨宣布，这些被选中的囚犯将在同一天转移到另一处监区，而这正是前面提到处决前一批队员的地方，起义因此爆发了。下午一点半左右，囚犯们用石块、斧头和铁棍击打不断靠近自己的党卫队士兵，投掷偷偷带进来的手榴弹将建筑物付之一炬，然后四散逃跑。滚滚浓烟还引发了其他焚尸场内囚犯的骚乱。党卫队在四号焚尸场架起机关枪向囚犯人群扫射；由于无法跟党卫队正面交锋，人群涌进对面的五号焚尸场。这场骚乱还蔓延到了二号焚尸场，在那里，囚犯们跨越铁丝网，暂时获得了逃亡的机会。一些人逃到了巨大岗哨对面的森林里，另一些逃至位于拉雅斯科的鱼塘和农场的囚犯则可能装备有武器，攻击党卫队士兵。还有一部分则藏匿在一个粮仓里——结果遭到包围后被活活烧死。

起义一直持续到晚间才以失败告终。其中只有三号焚尸场置身事外，因为当斗争还在继续之时，党卫队就已包围整栋建筑，并向囚犯射击。但事实上，党卫队并未预料到反抗会如此激烈，这一点也体现在他们的人员损失上：3名集中营守卫死亡，至少12人负伤。特别小分队方面则有约450人献出了生命，党卫队的处决行动持续三天之久。受害者中还包括了埃斯特·瓦茨布鲁姆

(Ester Wajcblum，1924—1945)、雷吉娜·萨菲尔施泰纳 (Regina Safirsztajn，1914—1945)、阿拉·格尔特纳 (Ala Gertner，1912—1945) 和萝扎·罗博陶 (Roza Robota，1921—1945)，这几位犹太妇女将炸药藏在衣服里从自己工作的维斯瓦联盟金工厂偷带进集中营，转交给特别小分队用于制造起义用的手榴弹，在经历了长达数周的严刑拷打之后，她们于1945年1月6日在主体营被处以绞刑。

尽管起义期间没有一名囚犯成功逃离，但这场起义并非全然徒劳无功：四号焚尸场化为一片焦土；并且在此之前，特别小分队的囚犯们就成功拍下照片，在"奥斯维辛战斗小组"的帮助下，胶卷被偷偷带出集中营，并于1944年9月初送到克拉科夫抵抗运动者手中。有两张照片展现了特别小分队囚犯站在五号焚尸场院子正被焚烧的尸体前。第三张则只能看清高耸的树梢和杀人设施，还有一张图则显示了妇女们在光天化日下被迫走在前往毒气室的路上。

集中营的解散与"死亡行军"

1944年7月，苏军穿过德国防线出现在加利西亚和波兰南部，解放了因党卫队守卫部队仓促撤离留下的马伊达内克集中营，随后渡过维斯瓦河，抵达距离奥斯维辛约200千米的地方。此时奥斯维辛已开始进入系统解散集中营的状态。从1944年夏季到1945年1月期间的第一个清空阶段，数以千计的囚犯与物资库的财物，以及建材和设备通过火车和货运汽车被运回德国本土。1944年夏正是集中营囚禁人数达到顶峰的时期，其中大多数是波兰人和俄国人，至当年秋天，15.5万名囚犯中有一半左右的人被带往西部的集中营，即布痕瓦尔德、弗罗森比格、拉文斯布吕克、达豪、毛特豪森、大罗森、贝尔格-贝尔森、纳茨魏勒、萨克森豪森和诺伊加默。许多在奥斯维辛幸免于难的囚犯在这些地方因饥饿、时疫以及足以致命的条件丧命。长期人满为患的贝尔格-贝尔森在1945年3月的死亡人数就达到1.8万人，死者中包括安妮·弗兰克（Anne Frank，1929—1945）[1]和她的姐姐玛戈·弗兰克（Margot Frank，1926—1945）。1944年9月，两姐妹随最后一次运输从位于荷兰的韦斯特博克（Westerbork）转运营进入奥斯维辛，又于

---

[1]　即《安妮日记》的作者。安妮在1942年6月12日至1944年8月1日撰写的日记，及其本人的悲惨命运成为二战期间纳粹德国屠杀犹太人的著名见证。

1944 年 10 月底随一次疏散运输被转移至贝尔格-贝尔森。

尽管集中营处于面临解散的境地，但这里的日常例行公事并没有发生任何改变。囚犯们一如既往地被迫进行强制劳动，在主体营内，新的建筑物投入使用；附属营里也开始投入建设，甚至还形成了一系列全新的附属营。比克瑙第三期建设启动，即 BIII，而在囚犯们行话则称为"墨西哥"。这片区域极为广阔，以至于几乎相当于整个集中营的两倍大，这也表明纳粹政权正在策划一个更为狂妄的谋杀计划。但由于所有的建设工程已于 1944 年春全部停止，因此"墨西哥"并没有完工。

所有服从希姆莱要求在整个帝国疆域内采取灭绝行动的命令而建立的毒气室于 1944 年 11 月全部停止运作，但就在此前一个月还有约 4 万人被毒杀。特别小分队负责拆除这些杀人设施，并清除所有犯罪痕迹。用于焚烧尸体的土坑必须在清理干净后予以铲平，集中营土地上那些填满了骨灰与尸骨的洼地也要在清空后铺上草皮，再种上植被。位于主体营一号焚尸场则被改建为一座防空洞。用于灌注齐克隆 B 的烟囱及其顶端的开口消失了，锅炉被拆除了，连接毒气室和焚化车间的通道被关闭了。党卫队还命人拆掉了之前在特别小分队起义中遭到破坏的四号焚尸场。包括二号和三号焚尸场的焚化炉在内其他可用设备则运往另外一些需要毒气室通风设备的集中营，因此有推测认为是大罗森，但也有可能是毛特豪森。

　　1945 年 1 月，苏联红军在克拉科夫附近发动突袭包围德军，几乎毫发无损地接收上西里西亚工业区，并挺进至布雷斯劳下属的布里格（Brieg）①及奥得河畔的施泰瑙（Stein an der Oder）②，此时，作为主管地方国防事务的帝国国防专员，长期在严防死守政策上寸步不让的大区领袖弗里茨·布拉赫特下令撤出大区首府卡托维茨，同时将清空令扩大至整个行政专区。在 1944 年 12 月底便制定完成，涉及广泛的清空计划指导方针，也对奥斯维辛集中营的疏散做出规定。其目标是囚犯们首先编队步行，随后用火车运往西部，以便将其继续投入位于德国本土的强制劳动，并为主体营和比克瑙确定了两条（步行）线路：一条经过普勒斯（Pless）和雷布尼克（Rybnik）③；一条则经过蒂黑（Tychy）和格莱维茨；而

----

① 今为波兰城市布热格（Bzeg）。

② 今为波兰城镇希齐纳瓦（Ścinawa）。

③ 普勒斯今为波兰城市普什奇纳（Pszczyna），雷布尼克也是一座波兰城市。

附属营的囚犯则必须长途步行穿越博尔滕（Beuthen）、托斯特（Tost）和奥珀伦（Oppeln）①。

1945 年 1 月 17 日，随着约 5.8 万名囚犯的撤离，集中营整体清空的第二阶段（也是最后阶段）启动；其中有约 2 万名主体营囚犯，其余则均来自莫诺维茨及附属营。只有极个别人跟随货运列车被带走，大多数人则步行走在严冬的街头，穿越上下西里西亚。数以千计的人死于这场"死亡行军"，精疲力竭的，突然倒下的，企图休息或者试图逃跑的人们都会被党卫队枪毙。尽管有禁令和严苛的惩罚存在，但在一些地方，平民们仍会偷偷塞给路过的囚犯一些面包，或者做好准备接纳逃跑者；而在德意志人占多数的居住区，这样的援助则戛然而止。

在经过好几天的长途跋涉后，囚犯们于 1945 年 1 月 19 至 23 日期间在格莱维茨和沃奇斯瓦夫—希隆斯克被运上没有遮挡的货运火车。许多人因饥寒交迫死于途中；而在火车开往德国本土所经过的北摩拉维亚、北波西米亚以及"合并"后的奥地利，铁轨沿线都是一具具被抛下的尸体。撤离期间总计死亡 1.5 万名囚犯，有

---

① 博尔滕今为波兰城市比托姆（Bytom）、奥珀伦也改称为"Opple"。

约 4.3 万人抵达西部的集中营,在那里,他们作为"新人"重新成为整个囚犯等级的最低一级。那些直到 1945 年春仍幸存着的囚犯,则随着党卫队解散整个第三帝国境内的集中营,而再次被被迫进行"死亡行军"。1945 年 5 月初党卫队将约 7 千名囚犯从诺伊加默运上隶属德国海军的两艘轮船,其中就有来自奥斯维辛的囚犯。然而盟军对于这一人口运输一无所知,在吕贝克海湾击沉了"阿科纳角"号(Cap Arcona)和"蒂尔贝克"号(Thielbeck)①,船上人员无一幸存。

而在奥斯维辛,集中营党卫队员在 1945 年 1 月中旬疯狂地毁灭所有有关大屠杀的书面证据,他们采用大型垃圾焚烧炉、锅炉以及在集中营空地上露天焚烧的方式销毁索引卡片、死亡证明、清单以及其他集中营管理文件。政治部的档案集被仓促打包后运往大罗森及其他

---

① "阿科纳角"号战前为一艘行驶于汉堡至南美洲航线上的大型客轮,以吕根岛附近的阿科纳角(Arkona Kap)命名;"蒂尔贝克"则是一艘海运货船。1945 年 5 月 3 日,由于执行轰炸任务的英军飞行员没有及时接收来自瑞士红十字会的信息而对这两艘满载集中营囚犯的轮船进行了空中打击,从而酿成惨剧。但事实上,海难发生后,"阿科纳角"号上有约 400 人幸免于难,但其中 80% 以上为党卫队人员;而"蒂尔贝克"号则仅有 50 名囚犯幸存。

集中营，相反，中央工程管理部的材料则被留在集中营，后来也是在那里被发现。一直到 1944 年春还在为霍斯特·舒曼医学实验服务的 X 光设备同样被运走。而其同僚门格勒的实验室和尸体解剖室则一直到无法为其提供"人体材料"才告关闭。门格勒于 1945 年 1 月 17 日随同被撤离囚犯一同离开集中营，并随身带走了书面记录其谋杀行动的档案。

还有 100 名左右的特别小分队囚犯则趁着解散集中营的混乱局面偷偷混进转移的行列。原本计划将最后一批直接见证大屠杀的证人全数杀害的党卫队，并未能成功将这些人从撤离的囚犯中找出来。他们这才得以离开集中营，几乎所有人都在战后幸存了下来。

1945 年 1 月 20 日或 21 日，党卫队撤除岗哨，但仍以小股部队为单位在营地巡逻。但仍不确定是否在这几天中下达了有关解散集中营并将遗留的囚犯全部处死的命令。无论如何，一周之内就有约 300 名犹太人死于五号焚尸场内以及 400 名不同类型的囚犯被杀在不同的附属营内。

二号焚尸场和三号焚尸场的残垣断壁则于 1945 年 1 月 20 日被炸毁；原本准备运走的屠杀设施后来被解放集中营的苏军在集中营附近的一处建材堆场中发现。就在撤离前夕，党卫队看守部队于 1945 年 1 月 23 日点燃了物资库"加拿大"；大火在集中营持续了数天之久，30 座囚犯营房中只有 6 座保留了下来。五号焚尸场则一直保持运作到最后一刻，在那里枪击颈部依然在被执行，尸体依然在被焚烧，直到 1945 年 1 月 25 日至 26 日夜间，这一屠杀场所才被炸毁。

仅仅一天零几个小时后之后，1945 年 1 月 27 日星期六的下午，苏联第一乌克兰方面军第 60 集团军的士兵解放了奥斯维辛集中营及其附属营。他们发现了至少 600 具尸体。主体营、比克瑙和莫诺维茨尚有 7 千名幸存的囚犯，其中比克瑙有约 5800 人，莫诺维茨的囚犯医院有约 800 人，还有 500 人则分布在一些规模较小的附属营内。许多人已极度虚脱，以至于无法感受这一他们长期渴望的重大事件。

解放集中营的士兵们在储藏室内发现了约 3.7 万件男式西装，83.7 万件女式大衣及连衣裙，不计其数的儿童衣物，约 4.4 万双鞋子，1.4 万件地毯，除此之外还有假肢、牙刷、家具，而在距离主体营不远处一处原来的皮具工厂内还有 7.7 吨已经打包等待运出的人类头发，据测算，极有可能出自约 14 万名女性。

第八章

解放后的城市与集中营

"模范城市"的终结

当 IG 法本工厂在苏军推进至奥斯维辛前仓促撤离时，已是几乎可以投入生产的状态。这一德意志帝国在二战期间最大的投资就此停摆。德国妇女儿童已从 1944 年 10 月底开始从奥斯维辛撤离。1945 年 1 月中旬，特别专列载着政府公务员、IG 法本的经理人以及城市平民向德国本土驶去。但即使是在战争最后时刻的混乱中，依然维持着种族秩序：相比集中营囚犯及列队行进的战俘和强制劳工，逃难的帝国德意志人在道路和铁路上享有优先权。

"模范城市"奥斯维辛迎来了耻辱的结局：1945 年9 月，在这座重新回归新成立的波兰国家并再次被命名为"奥斯维辛"（Oświęcim）的城市里，还有约 7300 人生活其中：他们中有将近 5 千名波兰人，其余包括 68 名乌克兰人、33 名法国人、8 名俄国人和 3 名捷克人，还有 186 名犹太人。此外有约两千名所谓"德意志族人"（Volksdeutsche）的居民。他们可能也是波兰人，但在德国占领时期或出于自愿或迫于压力被登记为德意志民族。其他德国人则并未出现在统计数据中。

　　IG 法本工厂的机器与高压合成设备立刻被苏联人拆卸下来并运往位于西西伯利亚的克麦罗沃（Kemerowo），在那里有一家进行煤氢化生产的联合企业。而从遗留在奥斯维辛的设备中则诞生了波兰最大的合成材料生产企业。但对从前那些返回德国本土的德国居民的情况，从那之后却知之甚少。许多人可能很快重新定居下来，例如建筑师汉斯·施托斯贝格，他在战后重建了被摧毁的汉诺威。

　　奥斯维辛幸存者的人生轨迹则与疾病和严重的精神创伤纠缠在一起。有些人是其原本人丁兴旺的家族中唯一的幸存者，因而负罪感陪伴着他们的后半生；还有一种被排斥的感觉，因为整个社会大环境既对为集中营亲历者毫无概念，又无法设身处地为其着想，以及即使在被解放数年之后仍历历在目的创伤，都深深影响着他们及其子孙后代。

野战医院、战俘营与纪念馆

在来自周围地区帮手的支持下，解放集中营的苏军在过去的主体营内建起了一座野战医院。而在比克瑙的棚户区内则由波兰红十字会建立了一家战地医院，它在数周后也迁至主体营的砖房内。医生、护士和护工们夜以继日地照料着那些集中营幸存者，他们中大多数是犹太人，其中包括约 200 名儿童。许多人在获得解放的数周之后依然因长期监禁导致的后果而丧生，也有可能是因他们羸弱的身体无法一下子承受过多的营养。但比生理影响更为严重的则是精神创伤。因通知沐浴而造成的恐慌绝不在少数，打针时的景象也如出一辙；一些幸存者则情不自禁地将面包藏进他们的枕头下面。但经过 2—3 个月的治疗之后，许多人已经能够随同苏联军事机关转移或自己上路回到祖国。

1945 年 4 月，在过去的主体营监禁区以及比克瑙的女子监禁区苏联秘密警察"内务人民委员部"（NKWD）^①设立了关押德国战俘的监狱，遭到拘留的有（集中营）守卫士兵、来自上西里西亚地区的平民（其中包括人民冲锋队^②成员），以及被美国人逮捕后被移交给苏联人的波西米亚德国人，还包括民族成分被划为德意志人的波兰人。但其中的细节则几乎无从知晓，例如尚不清楚的是在被转移到苏联去之前，这里有多少战俘被关押在此。这一设立在主体营内的监狱于 1945 年底宣告解散，位于比克瑙战俘监狱则可能于 1946 年 5 月解散。

1946 年初，苏联当局向波兰政府移交了绝大部分过去属于集中营土地的管辖权。1946 年 3 月，囚犯组织和波兰有关当局提出倡议，在集中营区域内设立一座博物馆。仅一年之后这一设想就已成为现实：根据 1947 年 7 月 2 日的法规成立国立纪念馆，设置展览，建立档案馆和图书馆，并对建筑物进行改建（例如在老焚尸场内），针对死难者的挖掘工作则一直持续到 20 世纪 50 年代末。而在波兰战后历史中，这一曾经的集中营被视

---

① 内务人民委员部一般缩写为"NKVD"，但在德语中则缩写为"NKWD"。

② "人民冲锋队"（Volkssturm），是于 1944 年 10 月宣布成立、面向 16—50 岁未被征召入伍的德国男性的全国性民兵组织。

作"波兰殉难"开始的地方:纪念的重点不仅仅是犹太人,还有遭到迫害的天主教波兰人——20世纪80年代围绕着在纪念场馆附近树立一座高达7米的十字架并修建一所天主教修道院所引发的所谓"奥斯维辛争议",则证实了这一受害者的身份争夺。而在战后数十年间继续作为工厂用地使用的前莫诺维茨集中营,则矗立着一块纪念强制劳动受害者的纪念碑。今天,奥斯维辛—比克瑙纪念馆每年接待约50万来自世界各地的参观者,从1979年起它被纳入联合国世界文化遗产名录。

受害者人数

1945年2月,接受委派的苏联调查委员会和4月接受任务的波兰调查委员会一开始的工作便是有关受害者人数的问题。在对土地进行勘测,对大屠杀设施残余进行调查,并记录了约200份幸存囚犯的证词之后,苏联于1945年5月8日向公众做了披露。根据刊登于《红星》(*Krasnaja Zvezada*)报的公报显示,共有400万人在奥斯维辛被谋杀,但并未提及其中有多少是犹太人。上述数字是以焚尸场的焚烧容量为基础得出来的,并迅速传播到世界各个角落。纽伦堡法庭对"主要战犯"的审判采纳了这一数字，同时新成立的波兰最高人民法院、教科书及词典均称死难者为 400 万。但由于准确的驱逐方案在战争末期被党卫队几乎完全销毁，曾经的囚犯们各不相同的证词以及霍斯所供述的 300 万人的数字——按照他的说法，其中 250 万人被毒气杀害，50 万人死于饥饿和流行病，很快有关大屠杀受害人人数的不同版本便流传开来，数据从少于 100 万到超过 600 万，不一而足。今天经过更为精确的估算确定，110 万—150 万人在奥斯维辛及其附属集中营中被杀害，但其中被屠杀的犹太人就占到整个二战期间犹太死难者的 20%—25% 左右。

由于集中营党卫队几乎没有对囚犯进行登记和编号，这也使得有关奥斯维辛受害者人数问题变得更为复杂。大约只有不超过 40 万名不同国籍的囚犯拥有囚犯号，其中约有一半为犹太人。而在由 1941 年成立的集中营人口登记处所管理的死亡登记册中仅记录了约 6.9 万个名字，这是因为该登记册并不负责登记大屠杀行动的被害人姓名。那些在到达后直接被列入"无劳动能力"之列，或被运往集中营处决的人（这其中包括了苏军战俘、接受临时军事法庭审判的人及来自其他集中营的囚犯），他们在被杀害前也没有任何登记信息。

但可以证实的是，第二次世界大战期间共有 500 至 600 万犹太人遭到屠杀，人数介于 530 万至 610 万。差值产生的原因在于，至今仍无法准确报告被屠杀苏联犹太人的数据。大多数人（近 300 万人）在灭绝营中遭到谋杀，约 130 万人被大规模处决，约 100 万死于犹太隔离区和集中营中，近 70 万人在流动毒气车内被杀害，还有约 80 万人在犹太隔离区内死于饥饿和疾病。

在奥斯维辛遭屠杀的死难者中，约 90% 为犹太人。其中约 43 万来自匈牙利，约 30 万人来自波兰，约 6.9 万人来自法国，约 6 万人来自荷兰，55 万人来自希腊，4.6 万人来自波西米亚和摩拉维亚，约 2.7 万人来自斯洛伐克，2.5 万来自比利时，约 2.3 万人来自德国本土，1 万来自克罗地亚，意大利和白俄罗斯各 6 千人左右，1600 人来自奥地利，以及 700 人左右来自挪威。除此之外，惨遭杀害的还有 7 万—7.5 万名非犹太裔波兰人，2.5 万名"吉普赛人"，1.5 万名苏军战俘以及 1 万—1.5 万名不同国籍者，其中包括捷克人、俄国人、白俄罗斯人、乌克兰人、南斯拉夫人、法国人、奥地利人和德国人。另有约 20 万名囚犯死于饥饿、疾病以及非人道的劳动环境。

统计的基础是一系列当时发现的原始资料，这使得受害者人数的确定可能与解放集中营后立即公布的数据之间的差距变得更大。这些材料中有新运达犹太人清单的副本残片，从中可以获悉灭绝押运的日期和始发地；还从"特施与施塔贝诺"公司的表格获得有关齐克隆 B 发货信息，以及三份集中营党卫队向柏林当局发送的报告中，记录着每趟押运来的囚犯中多少人被编入劳动队，多少人被送进毒气室的数据。另外分别于 1952 年、1962 年和 1980 年在集中营地区所发现的由特别小分队囚犯手写的笔记也非常重要，还有幸存者绘制的草图和素描。除此之外，被驱逐的犹太人原籍所在国当局的公文往来则具有关键性意义，其中记录了押运的准备工作，此外还有包含人数统计、准确犹太人名录在内的详细列车运输方案。而随着 20 世纪 90 年代初东欧档案的开放，有关焚尸场建设方案的书籍也已出版。

被杀害人数少于战后官方通报数字，这在当代史研究领域引发了激烈讨论。首个就受害者人数问题展开深入批判性分析并探讨原始文献基础及统计方法的学术研究是一篇由法国学者、前奥斯维辛囚犯乔治·韦莱（Georges Wellers，1905—1991）于 1983 年发表的论文。波兰历史学家弗朗齐歇克·皮珀（Franciszek Piper，1941— ）则在其 90 年代初出版的专著中独立得出类似结论：韦莱的结论是 140 万人被谋杀，而皮珀则得出更为准确的数据，并在广泛占有原始材料的基础上计算出被杀害波兰囚犯的人数。长期以来坚持 400 万被害者这一结论的奥斯维辛—比克瑙纪念馆于 20 世纪 90 年代初采纳了皮珀的数据。但这一人数争议并不意味着修正罪行，相反它确定了奥斯维辛—比克瑙在纳粹灭绝政策中占据核心位置。

第九章
法庭上的奥斯维辛

在波兰的审判

战后有数百名奥斯维辛的党卫队成员在波兰接受了由不同政府机关主持的审判，这一数字比任何国家都要高，但与此同时这一受审数字却只占到总计约 7 千名在集中营服役男女的一小部分。据估计，战后还有 6300 名前集中营党卫队成员健在，他们中有 1 千人左右在 1946—1949 年间被追查到踪迹。而根据 1943 年 10 月由苏联、英国以及美国共同发布的《莫斯科宣言》，德国战犯应被押解至罪行发生地所在国家，因此其中多数躲藏于美占区的人被移交给波兰。波兰司法机关在

1946—1952 年期间至少指控了 673 人（其中 21 名女性）。多数审理程序在位于克拉科夫和瓦多维采（Wadowice）的地区法院、省法院和特别刑事法庭召开。

波兰最高司法当局也主持了两场审判：1946 年 2 月在华沙成立的最高人民法院，其唯一职责就是对德国战犯进行司法判决，在该法庭上接受审判的则是奥斯维辛集中营最高阶的党卫队军官：指挥官鲁道夫·霍斯和阿图尔·利贝亨舍尔，此外还有其他 39 名集中营党卫队成员一同受审。

霍斯在战后化名弗朗茨·朗（Franz Lang）藏匿于弗伦斯堡（Flensburg）[①]附近的一处农庄，他在那里当起了农业工人。尽管英国当局曾怀疑他隶属德国海军而将其逮捕，但他仍得以隐姓埋名。一直到 1946 年 3 月，英国人才注意到他的真实身份并将其重新收押。1946 年 5 月底，霍斯被移交给波兰。但在此之前，他作为纽伦堡国际军事法庭的证人在对恩斯特·卡尔滕布伦纳（Ernst Kaltenbrunner，1903—1946）的审判中做证——后者接替海德里希担任帝国安全总局首脑，后被判处死刑。在引渡前他还另外给盟国充当过几次证人，并出现

---

① 位于石勒苏益格-荷尔施泰因州，是德国最北端与丹麦接壤的边境城市。

后续针对党卫队经济管理总局和 IG 法本康采恩的纽伦堡审判的准备过程中。

霍斯在克拉科夫的拘留所内撰写了长达数百页、名为《我的心灵——成长、生活和经历》（*Meine Psyche. Werden, Leben und Erleben*）的生平记录。他用流水账般的文笔叙述了大屠杀的细节，但在涉及数据和相互关系时仍充斥着大量的错误，盟国在对他的审讯也是如此。这部札记于 1956 年以波兰文出版，两年之后德语原版出版，不仅记录了他作为"最终解决方案"组织者所履行的职责，也证明了他缺乏"非法"的自我意识，而又耽于情绪化的自我陶醉。

在诸多外国观察家和记者的见证下，对霍斯的审判 1947 年 3 月 11 日召开；4 月初法官阿尔弗雷德·艾默（Alfred Eimer）宣布了死刑判决结果。1947 年 4 月 16 日，霍斯在主体营内党卫队管理处旁的空地上被执行死刑——这里距离他原来的指挥官别墅也不远。

波兰最高人民法院对 40 名集中营党卫队成员展开的克拉科夫审判，涉及奥斯维辛规模最大的一场于 1947 年 11 月 25 日召开。被告中级别最高者是曾经的指挥官阿图尔·利贝亨舍尔。这些被告采取了一条共同策略，即将自己的责任都推卸到业已被执行死刑的霍斯头上。尽管如此，他们中的 23 人在审理结束六天之后的 1947 年 12 月 22 日仍被判处死刑，特别是利贝亨舍尔、集中营指挥①汉斯·奥迈尔（Hans Aumeier，1906—1948），政治部主任马克西利安·格拉布纳（Maximilian Grabner，1905—1948）以及女子监狱主管玛丽亚·曼德尔（Maria Mandel，1912—1948）。包含两位女性看守在内的七名被告则被判处终身监禁。九人被判处有期徒刑，其中六人刑期在 16 年以上。两名被告——党卫队集中营医生约翰·保罗·克雷默和约翰·阿图尔·布赖特韦泽尔（Johann Arthur Breitwieser，1910—1978），起初被判处死刑，后来减为有期徒刑，并于 50 年代末被遣返回联邦德国。还有一人被宣布无罪释放：党卫队医生汉斯·明希曾经担任党卫队卫生学研究所的副所长并在集中营囚犯身上进行饥饿研究。但他仍因集中营囚犯在法庭上所做的有利供词而被免于刑事处罚。

---

① 集中营指挥的德语为"Lagerführer"。在奥斯维辛集中营体系中，这是仅次于负责整个集中营运作的总指挥官（即霍斯及利贝亨舍尔等人），负责单个下属集中营事务的高级职务。奥迈尔即为奥斯维辛主体营的负责人。

盟国的审判与联邦德国早期司法实践

  盟国军事法庭并未就奥斯维辛自行组织审判。尽管按照《波茨坦协议》，许多集中营党卫队看守在许多盟国主持集中营审判中成为被告，但这是因为很多人在战争末期被调往德国本土的集中营，并在那里被逮捕。军事法庭针对纳粹德国罪犯举行的首场审判是于 1945 年 9 月至 11 月在英占区吕纳堡(Lüneburg)举行的贝尔格—贝尔森审判，审理过程中明确提到发生在奥斯维辛的罪行。在被任命为贝尔格—贝尔森的集中营指挥官之前曾在奥斯维辛—比克瑙担任相同职务的约瑟夫·克拉默，曾担任奥斯维辛主体营及比克瑙女子监狱的主管(Lagerführer) 弗朗茨·赫斯勒（Franz Hössler，1906—1945），以及两名奥斯维辛的女性看守伊丽莎白·福尔肯拉特（Elisabeth Volkenrath，1919—1945）与伊尔玛·格雷泽（Irma Grese，1923—1945）均被判处绞刑。

  在 1945 年 11 月启动的达豪审判中，美国军事法庭判处多名在奥斯维辛集中营服役的党卫队成员死刑，其中包括莫诺维茨集中营指挥文岑茨·舍特尔（Vinzenz Schöttl，1905—1946）、比克瑙焚尸场负责人奥托·莫尔（Otto Moll，1915—1946）以及党卫队集中营医生弗里德里希·恩特赖斯。法国军事法庭则在纳茨魏勒审判中判处前奥斯维辛—比克瑙集中营指挥官弗里德里希·哈特延施泰因及莫诺维茨指挥官海因里希·施瓦茨死刑。奥斯维辛集中营的党卫队成员还出现在毛特豪森、布痕瓦尔德、拉文斯布吕克审判的被告席上。但在审判"主要战犯"的纽伦堡法庭上，集中营并不是审判的主要对象。

1946 年 3 月，在英国军事法庭上汉堡企业"特施与施塔贝诺"必须为其向奥斯维辛提供齐克隆 B 承担责任。公司老板布鲁诺·特施（Bruno Tesch，1890—1946）和他的总经理①被判处死刑并执行。同时灭绝营内的技术人员也引起了战胜国的注意。1945 年 5 月底焚尸场工程师库尔特·普吕弗被美国人拘留。就在当天夜里，托普夫父子公司的合伙人路德维希·托普夫（Ludwig Topf，1903—1945）自杀身亡，其弟恩斯特·沃尔夫冈（Ernst Wolfgang Topf）则向美国军事当局投案自首，但因不明原因未被追究责任。他于 1947 年在威斯巴登建立了一家新的公司——一家生产焚化炉的企业。工程师普吕弗在被美国人释放之后，又于 1946 年

---

① 这里是指卡尔·魏恩巴赫尔（Karl Weinbacher，1898—1946），他从 1943 年起担任"特施与施塔贝诺"总经理。

3 月在埃尔福特被苏联人逮捕并被判处 25 年监禁，他死于 1952 年。

当调查纳粹凶手开始由新诞生的联邦德国司法机关负责时，追捕力度便大为减弱。被免予重罪处罚的凶手们重新进入联邦德国的法律体系中。在年轻的联邦德国历史政策氛围下，迅速结束调查与大赦战犯及其重新融入社会也就可想而知了。波兰方面引渡战犯的要求则越来越被视为一种民族耻辱，从 1950 年起便不再予以理会。

在奥斯维辛积极推动筛选和大屠杀的医务人员和经济管理人员，被联邦德国政府从轻发落或免于刑事起诉。例如生产齐克隆 B 的德国病虫害防治公司的总经理格哈德·彼得斯（Gerhard Peters，1900—1974）在两次被起诉后，于 1955 年在美因河畔法兰克福被宣告无罪释放。

医生在 20 世纪 50 年代基本上亦无需考虑被起诉。那些在所谓安乐死背景下杀人的人，也不会因为谋杀被判刑，原因是 "最低犯罪动机"，即采取相应判决的前提，无法被假设。大屠杀刽子手霍斯特·舒曼 1949 年在威斯特伐利亚的格拉德贝克（Gladbeck）用自己的真名开办了一家诊所，但 20 世纪 50 年代初偷偷跑去了苏丹——据推测是收到了当局的提醒；而在加入加纳国家卫生机构之前，他还前往了尼日利亚和利比亚。尽管一场针对舒曼的审判在其于四年前被引渡后的 1970 年得以在联邦德国境内实现，然而顾及他的健康状况，审理程序不得不中断。舒曼于 1972 年被释放，直到 1983 年去世都不受打扰地生活在美因河畔的法兰克福。

约翰·保罗·克雷默在波兰刑满释放后，于 1960 年重新在明斯特接受审判。然而，尽管他被剥夺学术头衔并处 10 年监禁，但仍得以自由身返回家中，原因是法庭认为他在波兰已经服刑完毕。卡尔·克劳贝格 1948 年在苏联被判处 25 年监禁，但 1955 年便作为所谓的"被特赦者"回到联邦德国。从此，他对自己奥斯维辛所进行的人体试验三缄其口，但又四处夸耀自己的大众绝育方法。迫于公众压力，克劳贝格在返乡的数周内便遭重新逮捕，两年后审理程序启动，1957 年 8 月克劳贝格死于拘留所。约瑟夫·门格勒由于身份未被认出，于 1945 年 8 月在美军战俘营获释，他首先藏匿在距离自己施瓦本老家金茨堡（Günzburg）不远的地方，其家族在金茨堡拥有一家生意兴隆的农用机械厂，并为他提供资助。随后他又在上巴伐利亚一处农庄内找到藏身之处，并于 1949 年逃离德国。当其身份在 20 世纪

50 年代末被人发觉时，此人已偷偷逃往南美洲，和许多纳粹罪犯一样，在那里他不必担心会被引渡。1979 年，门格勒在巴西游泳时溺水身亡。

从战后政治考量中获益的还有 IG 法本康采恩的经理人。24 名必须出席纽伦堡 IG 法本审判应诉的领导人中，有 10 名在服刑一年多后的 1948 年 7 月 30 日被释放，其他人则被判处一年半至八年有期徒刑。之所以美占区当局对于这场被称为"6 号案件"的审理过程三心二意，也有国际政治形势方面的原因，在显而易见的冷战阴影下，德国工业对于保障欧洲经济与军备技术安全的作用不可或缺。IG 法本主要责任人必须接受监禁处罚——奥托·安布罗斯和瓦尔特·迪尔费尔德（Walter Dürrfeld，1899—1967）获刑最高，被判八年有期徒刑，但很快因为联邦德国的成立而被赦免，在"经济奇迹"下的狂热气氛下，所有人均被释放，他们毫无阻碍地重新崛起，站上德国工业界的高位。卡尔·克劳赫、弗里茨·特尔·梅尔、瓦尔特·迪尔费尔德和海因里希·比特菲施（Heinrich Bütefisch，1894—1969），管理层中所有这些负责 IG 法本奥斯维辛工厂的管理者，均在重建联邦德国化学工业的过程中占据领导地位；安布罗斯还在多家大企业担任领导职务。

1952 年 1 月，在这家康采恩巨头的法兰克福基地启动了"IG 法本工业清算案"；4 个月后，从这家大型康采恩中形成了 12 家后继企业。应莫诺维茨集中营内的一名前犹太囚犯诺贝特·沃尔海姆（Norbert Wollheim，1913—1998）的诉讼请求，从这家被拆解的康采恩中产生出来的公司有义务在 1957 年向强制劳动受害者支付 3 千万马克的赔偿金。近 6 千名前犹太囚犯由此获得介于 2500—5000 马克之间的赔偿款；还有十分之一的赔偿流向非犹太囚犯。始作俑者之所以准备支付这些赔偿主要是出于形象原因，这对于股票市值也产生了积极的影响："清算中的 IG 法本公司"的股票在其应允赔偿之后立即上涨约 10 个百分点。

法兰克福的奥斯维辛审判及其他处置

法兰克福奥斯维辛审判的启动并不能简单归结于偶然发生或刻意安排。倡议对纳粹罪犯提起大量诉讼的黑森州总检察长弗里茨·鲍尔（Fritz Bauer，1903—1968），从一名奥斯维辛幸存者那里获得了一份包含"处决逃亡"集中营囚犯的党卫队成员名录报道材料，从此全身心投入相关的刑事调查，并于 1959 年 6 月在获得联邦法院批准之后，在法兰克福州立法院正式启动。

无独有偶，几乎同一时期的斯图加特检察部门也已开始调查奥斯维辛集中营政治部最凶残的拷打者之一，威廉·博格（Wilhelm Boger，1906—1977），同时也是臭名昭著的同名刑具"博格架"①的发明人，于1958年3月被一名前集中营囚犯指控犯有大屠杀罪。而就在逮捕令签发前的一年半中，告发人被判诬告身陷囹圄，更由此被视为谎话连篇的骗子；而支持他的国际奥斯维辛委员会（Internationales Auschwitz-Komitee）②也被诋毁为"共产主义"组织。但在调查启动及检方与国际奥斯维辛委员会总书记赫尔曼·朗拜因的合作展开后，接二连三的逮捕行动迅速开启。1960年底，奥斯维辛末代指挥官理查德·贝尔被逮捕，他在战后用假名在汉堡附近当起了林业工人，平安度日。但就在审判开始前夕，贝尔死在拘留所内。而在党卫队内军阶仅次于他的则是罗伯特·穆尔卡（Robert Mulka，1895—1969），此人也是前指挥官霍斯的副官，现在成为主要被告。1963年

---

① 所谓"博格架"，是指将欲刑讯的犯人五花大绑倒挂于一根水平放置的木棍上迫使其开口交代。

② 这是由奥斯维辛—比克瑙集中营的幸存者于1952年成立的国际组织，旨在为整个奥斯维辛受害者群体代言发声。

12 月 20 日。在全世界公众的瞩目下，"起诉穆尔卡及其他人等"的审判（卷宗号：4Ks 2/63）在州法院院长汉斯·霍夫迈尔（Hans Hofmeyer, 1904—1992）主持下，在法兰克福市议会会议大厅"罗马人厅"召开。1964年 4 月法庭迁入新建成的加鲁斯大楼，有 2 万人出席了这一长达 20 个月的审判过程，其中包括大量中小学生。媒体也对此作了详尽的报道，甚至在彼得·魏斯（Peter Weiss, 1916—1982）①的歌剧《调查》(*Die Ermittlung*) 中，这场审判还被搬上了戏剧舞台。

幸存囚犯的证词唤起了公众对于审判的关注，这大大推动了法兰克福审判的进程，超过 350 名男女（他们大多身居海外且久病缠身）坚持前来法兰克福，忍受着精神上的巨大创伤，直面曾经的党卫队刽子手，详尽地讲述自己在集中营中的经历。许多人甚至是自战后以来第一次重新和德国人打交道。

法庭所要审判的与其说是汉娜·阿伦特（Hannah Arendt）定义的由官僚及所谓"办公桌凶手"主导下的"行政大屠杀"，不如说这些被告均被指控独立犯下大量有证据证明的罪行。但显然，法庭上并没有罪大恶极的凶徒，这使得在公共领域中对于罪责判处的讨论变得越

---

① 彼得·魏斯是德国作家、画家和实验电影人。

发困难。这些被告均为大屠杀中的"棋子"与执行者，其中有七名前党卫队军官。不同于位于纳粹政权权力顶端的决策者，也不同于当局中组织灭绝押运工作的组织者，他们直接面对的是遭受暴力、独裁和屠杀侵害的受害人。在这 22 名被告中——除贝尔外，卫生员汉斯·尼尔茨维基（Hans Nierzwicki，1905—1967）直到审判开始前因患病①被排除在外；监区队长海因里希·比绍夫（Heinrich Bischoff，1904—1964）在审理过程中死亡；卫生员格哈德·诺伊贝特（Gerhard Neubert，1909—1993）则因肾病而被宣布无法进行审理，没有一个人意识到自己的非法行为，或认为自己要为谋杀行径承担责任。但无可争辩的是，正是因为他们认为的个人无需承担责任，才演变为大规模的屠杀。

对奥斯维辛的实地考察使得审判在司法与政治层面均掀起高潮。联邦德国的司法部门在重罪审理时通常需要实地勘查犯罪现场——尤其在没有招供的情况下。一支由委任法官兼刑事陪审法庭成员瓦尔特·霍茨（Walter Hotz）带领的代表团于 1964 年 12 月中前往

---

① 尼尔茨维基患有肺结核，直到法兰克福州法院调查启动时都住在杜塞尔多夫的一家医院中，因此为避免传染风险，对他的审判分开进行。

波兰考察。这场对"铁幕"后国家的访问是一次极其大胆的行动，当时联邦德国尚未与波兰建立外交关系，两国的双边关系正常化亦无从谈起。但这场实地考察得以在 60 年代政治紧张形势下进行，应归功于律师亨利·奥蒙德（Henry Ormond）——他是附带诉讼的一位代理人，以及他的波兰同事扬·泽恩（Jan Sehn）从中穿针引线。泽恩是克拉科夫大学犯罪学研究所所长，他曾作为驻集中营的波兰调查委员会成员，从集中营一解放就已投入刑事调查，此外还领导了两次由最高人民法院主持的奥斯维辛审判的法庭调查。

参加这一被官方术语称为"法庭亲眼查看"行动的有 22 名辩护律师中的 11 人，三名检察官及三名附带诉讼代理人，此外还有书记员、两名法警、一名法庭摄影师和一名女翻译。唯一一名决定重返奥斯维辛的被告是前党卫队医生弗朗茨·卢卡斯（Franz Lucas，1911—1994）。200 至 300 名来自整个欧洲、美国以及以色列的记者令这场实地考察成为新闻界的大事件。1964 年 12 月 14 日，在主体营重建的"黑墙"边默哀一分钟，标志着调查正式启动。这一为期两天半的考察对于审判而言具有关键性作用，它使得事实变得更为具体，并对审判参与者的心理构成了持续影响。它驳斥了前党卫队成员们几乎所有的供词，相反大量控方观点得以证实。例如证据显示，主体营并不如被告们所声称那样太大了，以至于无法了解发生了什么。从每一个岗哨望出去都能俯瞰集中营营地，而因犯们实际上也可以从天窗、窥视孔以及窗前木梁的缝隙处窥探有什么事情发生，并在筛选环节中远远就看清了那些党卫队队员。这场实地考察还实现了长久以来在审理进行一年多来未能达成的目标：对于屠杀机器的清晰刻画。

1965 年 8 月 19 日和 20 日，在经历了 182 个审理日之后，奥斯维辛审判的判决最终做出。17 名被告被剥夺人身自由，三人因缺乏证据而被无罪释放：政治部的约翰·朔贝特（Johann Schoberth，1922—1988）、卫生员阿图尔·布赖特维泽（Arthur Breitwieser，1910—1978）及牙医维利·沙茨（Willi Schatz，1905—1985）。六人被处以终身监禁，他们是比克瑙的监区队长斯特凡·巴雷茨基（Stefan Baretzki，1919—1988），担任惩戒队"牢头"的因犯埃米尔·贝特纳雷克（Emil Bednarek，1907—2001），政治部的威廉·博格，保护性拘留营及吉普赛营指挥弗朗茨·霍夫曼（Franz Hofmann，1906—1973），联络官①奥斯瓦尔德·卡杜克

---

① "联络官"（Rapportführer）是直接隶属于预防性拘留营

158

(Oswald Kaduk，1906—1997）和卫生员约瑟夫·克莱尔（Josef Klehr，1904—1988）。罗伯特·穆尔卡获刑14年；1968年他因健康状况不适宜监禁而被释放，一年后去世。被判处十年监禁的则是政治部的汉斯·施塔克（Hans Stark，1921—1991）；集中营药房主管维克多·卡佩西乌斯（Victor Capesius，1907—1985）被判处九年监禁；指挥官贝尔的副官卡尔·霍克（Karl Höcker，1911—2000）及牙医站主管维利·弗兰克（Willy Frank，1903—1989）被判处七年监禁；劳动队看守布鲁诺·施拉格（Bruno Schlage，1903—1977）六年监禁；判处政治部的克劳斯·迪莱夫斯基（Klaus Dylewski，1916-2012）五年监禁，卫生员赫伯特·舍尔普（Herbert Scherpe，1907—1997）四年零六个月监禁，政治部的佩里·布罗德（Pery Broad，1921—1993）四年监禁，卫生员埃米尔·哈特尔（Emil Hantl，1902—1984）三年零六个月监禁。

在所有被告中，最后这位起初最有望无罪开释的集中营医生弗朗茨·卢卡斯，然而正是这场实地考察，最先给他带来牢狱之灾。有关法庭代表团访问奥斯维辛的

主管的集中营职务。其主要任务包括每日汇报囚犯状况，管理囚犯文书，分配营区主管，并执行和监督安排下去集中营惩戒行动。

电视报道播出后，许多前集中营因犯纷纷打来电话指控卢卡斯罪孽深重，以至于他不得不于 1965 年 3 月给出一份轰动一时的供述，坦白自己参与了筛选程序，而在此之前他对此拒不承认。其他的谎言也随之被揭开，这使卢卡斯最终被判有罪。但这一裁决在经联邦法院复核后于 1969 年 2 月被撤销，原因是无法完全推翻针对卢卡斯的法律裁决是迫于压力所做出的理由。1970 年，法兰克福刑事陪审法庭最终宣布其无罪。

奥斯维辛审判判决结果在很大程度上达到了国家检察官所要求的求刑标准要求。虽然这一审判结果在海外仍引发不理解，并招来幸存者的抗议，但这场作为联邦德国处理纳粹历史的审判仍具有重要意义：奥斯维辛审判是在历史政策上最重要的一次尝试，它寻求以刑法手段严厉惩处谋杀行为。在联邦德国，直到 20 世纪 50 年代末才启动了对纳粹罪行的系统调查。因此奥斯维辛审判成为开启关于大屠杀的政治与社会讨论的决定性推动力。在此前从未产生相关学术研究的联邦德国当代史研究，在州总检察长弗里茨·鲍尔的倡议下给出了具有指导意义的专门意见，在法庭上宣读，并于 1965 年以《剖析党卫队国家》（*Anatomie des SS-Staates*）为名出版，显然，对于纳粹罪行的批判性讨论的研究兴趣也随着审判的推进在年轻一代中发展起来。

对于罪行采取刑罚处置并没有因大规模的奥斯维辛审判而结束。直到 1981 年，法兰克福还另外举行了一些规模较小的后续审判。在 1965 年 12 月至 1966 年 9 月的两场审判中，约瑟夫·埃贝尔（Josef Erber，1897—1987）①被判处终身监禁，威廉·布格尔（Wilhelm Burger，1904—1979）②被处以八年监禁，而在第一场审判中被宣布因健康原因无法参与庭审的格哈德·诺伊贝特被判处三年半期徒刑。在第三场判处两名在集中营中担任职务的囚犯伯恩哈德·博尼茨（Bernhard Bonitz，1907—？）和约瑟夫·温德克（Josef Windeck，1903—1977）终身监禁的审判（1967 年 8 月至 1968 年 6 月）中，启动了第二次对奥斯维辛的实地走访，随后又另外进行了两次考察。之后的一场审判（1973 年 12 月至 1976 年 2 月）以证据不足为由，法庭宣布两名被告维利·萨瓦茨基（Willi Sawatzki，1919—1998）和阿洛伊斯·费

---

① 埃贝尔供职于奥斯维辛主体营政治部，1942 年 9 月起负责领导比克瑙的女子监狱，1943 年 10 月至 1944 年 4 月领导奥斯维辛集中营政治部。

② 布格尔于 1942 年 7 月至 1943 年 4 月底领导奥斯维辛集中营行政管理部门，随后担任党卫队经济管理总局负责集中营事务的部门领导。

雷（Alois Frey, 1911—? ）①无罪释放告终。而在最后一场审判（1977 年至 1981 年）中，被告霍斯特·切尔文斯基（Horst Czerwinski, 1922—? ）②因健康原因无法接受审判，但针对他的审判虽然取消，但法庭对其同案被告约瑟夫·施密特（Josef Schmidt, 1922—? ）则判处八年针对未成年人的劳动教养③。

1966 年 3 月，集中营医生霍斯特·菲舍尔（Horst Fischer, 1922—1966）站在了东柏林的审判席上，十多年来他以真名生活在奥德河畔法兰克福④的施普雷哈根（Spreehagen），以乡村医生为业；他被判处死刑并执行。在此之前，捷克法院已判处卫生员阿道夫·托伊尔（Adolf Theuer, 1920—1947）和女看守索菲·哈内尔（Sophie Hanel, ? —1948）绞刑。而在很多奥斯维

---

① 萨瓦茨基和费雷均为奥斯维辛集中营的营区主管。

② 切尔文斯基为奥斯维辛下属集中营的指挥。

③ 由于施密特于 1943 年秋起担任集中营看守，开始其犯罪行为时未满 21 周岁（其生日为 1922 年 11 月），而按照二战前德国劳动法的规定，21 周岁以下视为未成年人。因此这一曾经犯下罪行就被视为"未成年犯罪"，适用于未成年人法律。尽管如此，由于施密特已于 1947 年在波兰被宣判 7 年有期徒刑，因此法庭后来认为施密特已服刑完毕。

④ 1952 年民主德国撤销州建制，将全国划分为 14 个行政区，奥德河畔法兰克福便是其中之一。

辛党卫队成员的家乡奥地利，罪犯们同样受到了应有的审判，然而这些审判在 1957 年大赦全国的浪潮下都变得无足轻重。党卫队中央建设管理部的瓦尔特·德亚科（Walter Dejaco，1909—1978）和弗里茨·埃特尔（Fritz Ertl，1908—1982）于 1972 年 3 月在维也纳被无罪释放，而保存在莫斯科的材料显示，在焚尸场的建设规划图上有两人的签字，但这份材料当时并未公开。

第十章

"奥斯维辛谎言"

　　自 20 世纪 40 年代末以来，极右翼的辩护者极力否认纳粹对犹太人及其他受害者群体进行过大屠杀。他们通过网络组织起来，以"修正主义者"自居在世界各地出现。书籍、期刊，诸如加利福尼亚的"历史评论研究所"（Institute für Historical Review）这样的机构，尤其是互联网，将他们的煽动性言论从貌似学术的有组织小团体向外扩散。赤裸裸的民族主义和种族主义的反犹主义是他们那些声称合乎学术、但却转引造假史实的论文出发点与核心。真正的资料出处被宣布为伪造，幸存的见证人遭到诋毁，档案被歪曲解读，还有一些则干脆虚构出来的。他们的目的是播下怀疑的种子，并通过放肆的臆测制造矛盾，从而扭曲学术判断力。而处于这一历史修正主义谎言中心位置，能够代表所有第三帝国犯下的大规模罪行的，便是奥斯维辛集中营和灭绝营。

毛里茨·巴代什（Maurice Bardèche，1907—1998）、保罗·拉西尼耶（Paul Rassinier，1906—1967）、罗伯特·福里森（Robert Faurisson，1929—　）、奥斯丁·J. 阿普（Austin J. App，1902—　）[①]——他们是 1947—1948 年

[①] 巴代什，法国记者、作家，同时也是二战后欧洲新法西斯主义的主要倡导者。1948 年他出版了攻击纽伦堡审判的《纽伦堡或应许之地》（*Nuremberg ou la Terre Promise*），该书同时也是首批否认大屠杀的出版物之一。拉西尼耶，法国政治活动家，于 1943 年 11 底被送进布痕瓦尔德集中营，1945 年 4 月才被解放。但在战后，他转为否认大屠杀的存在，并在其于 1948 年出版讲述自己集中营经历的《穿越边界线》（*Passage de la ligne*）中否认毒气室的存在，并质疑大屠杀死难者人数。阿普，美国中世纪文学教授，他从 50 年代起为反犹主义刊物撰写文章，因而被认为是美国否认大屠杀第一人。需要额外说明的是，文中提到的另一名法国否认大屠杀者福里森，实际上出现要晚于前三人，此人除为"历史评论研究所"的期刊《历史评论杂志》撰写文章外，其个人著名事件还包括 1978 年撰写质疑《安妮日记》真实性的文章，1983 年因宣称希特勒从未下令进行种族和宗教屠杀被法国法院处以罚金。

早期发出陈词滥调的始作俑者，全盘否认奥斯维辛集中营中毒气室的存在，并由此得出结论，如此庞大的死亡人数不应归因于系统大屠杀，而是营养不良及疾病所致，因此对死难者人数的追问完全是那些伪造历史者的中心话题。不仅如此，他们还刻意弱化谋杀行为，称大屠杀可能是一项被犹太人操纵的政治发明，其目的是在政治和财政上胁迫联邦德国——用马丁·布罗萨特（Martin Broszat，1926—1989）①的话来说这是"对真相的屠戮"。

联邦德国境内的极右翼作品出版浪潮最早出现于20世纪70年代，它由埃米尔·阿雷茨（Emil Aretz）的《魔方》（*Hexen-Einmal-Eins*）一书于1970年拉开帷幕。三年后蒂斯·克里斯托弗森（Thies Christophersen，1918—1997）的《奥斯维辛谎言：一份亲历报告》（*Die Auschwitzlüge. Ein Erlebnisbericht*，1973）出版——1944年时克里斯托弗森是当时占领奥斯维辛的党卫队成员之一。他的这本书尽管遭禁，但已售出了超过10万本。1977年亚瑟·R.巴茨（Arthur R. Butz，1933—　）的《20世纪骗局》（*The Hoax of the Twentieth Century*）的德译本以"世纪欺诈"（*Der Jahrhundert-Betrug*）为

---

① 布罗萨特，德国历史学家，主要研究领域为第三帝国社会史及德国反犹史。

名出版。同样译自美国人作品的还有化名"理查德·哈伍德"（Richard Harwood）的理查德·维罗尔（Richard Verrall，1948— ）①的小册子《真的有600万死者吗？》（*Did Six Million Really Die?*）。汉堡财政法庭法官威廉·施台格利希（Wilhelm Stäglich，1916—2006）曾是二战期间驻防奥斯维辛地区的国防军军官，他于1979年交由图宾根极右翼的格拉贝特出版社（Grabert-Verlag）出版了《奥斯维辛神话:传说还是现实？》（*Der Auschwitz-Mythos-Legende oder Wirklichkeit?*） 一 书。该书当年便在联邦德国范围内遭查封，并于1982年被禁止出版。施台格利希先是被剥夺博士头衔，随后又被开除国家公职。而让−克劳德·普雷萨克（Jean-Claude Pressac，1944—2003）②最初也是作为"历史修正主义"支持者的面目出现的，他在很长时间里都是福里森的忠实"粉丝"。然而在对奥斯维辛焚尸场进行研究后，他却逐渐与修正主义者小圈子分道扬镳。之后普雷萨克出

---

① 维罗尔1976—1980年担任英国极右翼政党"英国国家阵线"（British National Front）的副主席，并负责主编极右翼杂志《先锋》（*Spreadhead*）。

② 普雷萨克是一名历史学家，于1989年出版《奥斯维辛:毒气室技术与运作》（*Auschwitz: Technique and Operation of the Gas Chambers*）一书。

版了有关奥斯维辛灭绝设施技术的重要研究成果。当就像他本人所说的那样，在没有证据支撑的情况，77.5 万受害者的总数是站不住脚的。

直到 1985 年，联邦德国境内与纳粹罪行相关的谎言都被言论自由的权利掩饰了过去，但在那之后，则被视作构成犯罪而面临严厉处罚：起初是作为诽谤罪，自 1994 年起变更为煽动罪。对这一犯罪行为较为常见，但不够精确的表述则是"奥斯维辛谎言"。

修正主义者的此类论点被历史学家如赫尔穆特·迪瓦尔德（Hellmut Diwald，1924—1993）加以拔高。这位埃尔朗根（Erlangen）的近代早期史教授在他 1978 年出版的《德意志人史》（*Geschichte der Deutschen*）里偷偷使用了一些历史修正主义的惯用语，例如在奥斯维辛出现过的"自然消亡"（natürlicher Todesfälle）①。在早期修正主义者身上已经表现出来的明显反共动机，而非真心实意的认罪态度，在 20 世纪 80 年代的"历史学家之争"中表露无遗，当时对于纳粹罪行独特性的追问及将其与苏联的古拉格监狱体系加以比较，在历史编纂层面仍成果甚微。

---

① 今天在德语中，表示"自然死亡"的中性词为"natürlich Tod"，而非"Todfall"。

相对化罪行和否认罪行在 20 世纪 80 年代末和 90 年代初合流，继而演变为可怕的肆意妄为。并且似乎试图从自然科学和技术层面论证"奥斯维辛谎言"。弗雷德·R. 勒希特（Fred R. Leuchter，1943—　）是美国的一名行刑室（尤其是毒气室）设计师，他在 1988 年出版了一篇报告，按照报告显示，从取自奥斯维辛—比克瑙焚尸场（他曾在那里进行为期三天的学术考察）遗址的石头样本中并未检测出氰化氢残留。修正主义小团体因这一被认为最有利于证明毒气室不存在的证据而弹冠相庆。

《勒希特报告》（*Leuchter-Report*）是以恩斯特·青德尔（Ernst Zündel，1939—2017）为首的修正主义者网络迫于压力下活动的成果。青德尔是一名德国人，他在多伦多通过推销种族主义作品而挣下一份家业，也因此被送上法庭。为了脱罪，他委托自称是工程师的勒希特进行实验，并支付给后者报酬。新纳粹主义分子、时事评论员兼出版人乌多·瓦兰德（Udo Walendy，1927—　）将此报告翻译成德语，并由罗伯特·福里森为其撰写前言。格马尔·鲁道夫（Germar Rudolf，1964—　）[1]则

---

[1]　鲁道夫是一名化学家和大屠杀否认者。1990 年他在就读化学博士期间受委托撰写一篇法庭专家鉴定书（即"鲁道夫鉴

在勒希特的调查结果上撰写了所谓的《鲁道夫鉴定报告》（*Rudolf-Gutachten*）。

最终恩斯特·诺尔特（Ernst Nolte，1923—2016）[①] 加入到有关《勒希特报告》的争论当中。虽然诺尔特并不支持"奥斯维辛谎言"，但他仍在公开场合对这一迅速传播开来的报告表达了敬意，并称赞其可能达到学术水平。

和其一唱一和的则是以发表为希特勒辩护文字闻名的英国出版人大卫·欧文（David Irving，1938—　），同时他也是作为恩斯特·青德尔在法庭上的专家证人粉墨登场了。在为英文版《勒希特报告》撰写前言之后，

定报告"），在鉴定书中他声称奥斯维辛—比克瑙集中营毒气室设置不会造成大规模死亡。最终鲁道夫因这一报告于1994—1995年在斯图加特接受审判，并被判处14个月监禁，但他随后逃往英国，并至今仍是活跃的极右翼分子。

①　诺尔特是德国著名右翼历史学家。1986年《法兰克福汇报》刊登了他的演讲《不愿过去的过去》（*Vergangenheit, die nicht vergehen will*），其核心观点是在纳粹德国灭亡40余年后，这段历史始终无法"过去"；同时他认为，除使用毒气之外，纳粹政权的大屠杀并非独一无二，而是对以苏联古拉格监狱为代表的"亚洲酷刑"的回应，诺尔特的观点随即遭到社会学家哈贝马斯及德国左翼历史学家的驳斥，并由此引发了80年代中后期震惊德国学术界的"历史学家之争"。

他一跃而成为大屠杀否认者在知识界的头面人物。自20 世纪 90 年代以来，欧文被禁止入境联邦德国。他还作为原告，在伦敦皇家高等法院起诉美国学者德波拉·利普斯塔特（Deborah Lipstadt，1947— ）[①]及其英国出版商企鹅图书（Penguin Books）并要求赔偿，但欧文输掉了官司。法院明确指出他违背常识歪曲奥斯维辛大屠杀存在的确凿证据。在法庭上，与被告方相熟的专家证人在对欧文观点进行驳斥方面发挥了关键性作用。来自多伦多的艺术史学家罗伯特·扬·范佩尔特（Robert Jan van Pelt，1955— ）整理撰写了超过 700 页的专家评估意见，涵盖所有能够获取到的有关屠杀行动的规模、时期及技术的独立证据。这场在伦敦的官司——其重要性被英国媒体视为堪比纽伦堡对"战争主犯"的审判以及耶路撒冷的艾希曼审判，一审于 2000 年 4 月结束，在 2001 年 7 月的二审中宣布诽谤罪不成立：自那以后，"奥斯维辛否认者"欧文可以被公开称为历史造假者、反犹主义者和种族主义者。

[①]　利普斯塔特是一位美国女历史学家，主要研究领域为现代犹太史和大屠杀研究，代表作为《否认大屠杀》（*Denying the Holocaust*, 1993）。1996 年 9 月，大卫·欧文状告利普斯塔特（及《否认大屠杀》一书在英国的出版商企鹅图书）在书中称他"否认大屠杀'最危险的发言人'"，构成诽谤。

公开出版的资料集与节选的见证者报告

汉斯·君特·阿德勒（Hans Günter Adler）、朗拜因·赫尔曼（Hermann Langbein）、埃拉·林根斯-赖纳（Ella Lingens-Reiner）主编：《奥斯维辛：证词与报道》（*Auschwitz. Zeugnisse und Berichte*），汉堡：1994年（初版：科隆等，1962年）。

《党卫队眼中的奥斯维辛：鲁道夫·霍斯、佩里·布罗德、约翰·保罗·克雷默》（*Auschwitz in den Augen der SS: Rudolf Höß, Pery Broad, Johann Paul Kremer*），华沙：1992年。

塔德乌什·博洛夫斯基（Tadeusz Borowski）：《我们在奥斯维辛：讲述》（*Bei uns in Auschwitz. Erzählungen*），美因河畔法兰克福：2006年（波兰语初版：1948年；德语初版：1963年）。

鲁道夫·霍斯（Rudolf Höß）：《奥斯维辛的指挥官：自传》（*Kommandant in Auschwitz. Autobiographische Aufzeichnungen*），马丁·布罗萨特（Martin Broszat）编，慕尼黑：1996 年第 16 版（初版：斯图加特，1962 年）。

诺伯特·费赖（Norbert Frei）、托马斯·格罗图姆（Thomas Grotum）、扬·帕尔西（Jan Parcer）、西比勒·施泰因巴赫尔（Sybille Steinbacher）、伯纳德·C. 瓦格纳（Bernd C. Wagner）主编：《奥斯维辛集中营的位置与指挥部命令（1940—1945）》（*Standort- und Kommandanturbefehle des Konzentrationslagers Auschwitz 1940—1945*），慕尼黑：2000 年。

扬·帕尔西编辑：两卷本纪念文集：《奥斯维辛—比克瑙集中营里的辛提人与罗姆人》（*Die Sinti und Roma im Konzentrationslager Auschwitz-Birkenau*），慕尼黑等：1993 年。

吉多恩·格赖夫（Gidoen Greif）主编：《泪已流干……奥斯维辛犹太人特别小分队亲历报告集》（*Wir weinten tränenlos ... Augenzeugenberichte der jüdischen Sonderkommandos in Auschwitz*），科隆等：1995 年。

伊斯拉埃尔·古特曼（Isreal Gutman）、贝拉·古特尔曼（Bella Gutterman）主编：《奥斯维辛纪念册：押运史》（*Auschwitz-Album. Die Geschichte eines Transports*），哥廷根：2005 年。

汉斯－于尔根·汉恩（Hans-Jürgen Hahn）主编：《奥斯维辛犹太人众生相：莉莉·迈尔纪念册》（*Gesichter der Juden in Auschwitz. Lili Meiers Album*），柏林：1995 年。

伊姆雷·凯尔泰斯（Imre Kertész）：《一名被命运抛弃者的小说》（*Roman eines Schicksallosen*），柏林：1999 年（匈牙利语初版：1975 年；德语初版：1996 年）。

维斯瓦夫·凯拉（Wieslaw Kielar）：《恐怖世界：奥斯维辛五年》*"Anus Mundi. Fünf Jahre Auschwitz"*，美因河畔法兰克福：1982 年（波兰语初版：1972 年）。

鲁特·克吕格（Ruth Klüger）：《活下去，少年》（*weiter leben – eine Jugend*），慕尼黑：1997 年（初版：1992 年）。

朗拜因·赫尔曼：《奥斯维辛的人们》（*Menschen in Auschwitz*），慕尼黑等：1999 年第 4 版（初版：维也纳，1972 年）[München u.a. 4 1999 (zuerst Wien 1972)]。

普里默·利维（Primo Levi）：《这是一个人吗？奥斯维辛回忆录》（*Ist das ein Mensch? Erinnerung an Auschwitz*），美因河畔法兰克福：1972 年。

维托德·皮莱斯基（Witold Pilecki）：《志愿前往奥斯维辛：囚犯维托德·皮莱斯基的秘密记录》（*Freiwillig nach Auschwitz. Die geheimen Aufzeichnungen des Häftlings Witold Pilecki*），苏黎世：2013 年（英语初版：2012 年）。

洛儿·谢利（Lore Shelley）主编：《死亡书记员——在奥斯维辛灭绝营被迫从事行政工作的犹太妇女回忆录》（*Schreiberinnen des Todes. Lebenserinnerungen internierter jüdischer Frauen, die in der Verwaltung des Vernichtungslagers Auschwitz arbeiten mussten*），比勒菲尔德：1992 年（美国英语初版：纽约，1986 年）。

耶日·登布斯基（Jerzy Dębski）、西比勒·戈德曼（Sibylle Goldmann）、哈利娜·亚斯琴博夫斯卡（Halina Jastrzbska）、斯特凡妮·克罗伊茨哈格（Stephanie Kreuzhage）、扬·帕尔西编辑：《死亡登记册（残本）第 1 卷：报道；第 2，3 卷：人名录（A—L, M—Z)》（*Sterbebücher von Auschwitz. Fragment. Band 1: Berichte. Band 2 und band 3: Namensverzeichnis A—L, M—Z*），慕尼黑等：1995 年。

特蕾莎·斯维博卡（Teresa Świebocka）、乔纳森·韦伯（Jonathan Webber）、康妮·威尔萨克（Connie Wilsack）：《奥斯维辛：影像中的历史》（*Auschwitz. A History in Photographs*），布卢明顿（印第安纳波利斯）、华沙：1993 年（波兰语初版：奥斯维辛，1990 年）。

其他重要文献资料

格茨·阿利（Gotz Aly）:《"最终解决"：民族迁移和对欧洲犹太人的屠杀》（*"Endlösung": Völkerverschiebung und der Mord an den europäischen Juden*），美因河畔法兰克福：1995 年。

伊扎克·阿拉德（Yitzhak Arad）:《贝乌热茨、索比堡、特勒布林卡："赖因哈特行动"灭绝营》（*Bełżec, Sobibór, Treblinka. The Operation Reinhard Death Camps*），布卢明顿、印第安纳波利斯：1987 年。

《奥斯维辛：灭绝营的历史与现实》（*Auschwitz. Geschichte und Wirklichkeit des Vernichtungslagers*），赖因贝克：1980 年（波兰语初版：1977 年；德语初版以《奥斯维辛——法西斯

集中营》[*Auschwitz–faschistisches Konzentrationslager*] 为题出版：华沙，1978 年)。

弗里茨·鲍尔研究所、奥斯维辛—比克瑙国立博物馆(Fritz Bauer Institution und Staatliches Museum Auschwitz-Birkenau)出版：《奥斯维辛审判》(*Der Auschwitz-Prozess*)，柏林：2005 年第二版（初版 2004 年)。

汉堡社会学研究所（Hamburger Institut für Sozialforschung)出版：《奥斯维辛专号》(*Die Auschwitz-Hefte*)，两卷本。该专号集合了波兰期刊《医学评论》(*Przegląd Lekarski*) 上涉及奥斯维辛集中营内生存与死亡的历史学、心理学和医学观点的论文。汉堡：1996 年。

布丽吉特·拜勒—格兰德（Brigitte Bailer-Galanda)、沃尔夫冈·本茨（Wolfgang Benz)、沃尔夫冈·诺伊格鲍尔（Wolfgang Neugebauer) 主编：《否认奥斯维辛的人："历史修正主义"的谎言与历史真相》(*Die Auschwitz-Leugner. "Revisionistische" Geschichtslüge und historische Wahrheit*)，柏林：1996 年。

弗里德里希·巴尔策（Friedrich Balzer)、维尔纳·伦茨（Werner Renz) 主编：《法兰克福奥斯维辛审判判决（1963—1965)》(*Das Urteil im Frankfurter Auschwitz-Prozess(1963—1965)*)，波恩：2004 年。

大卫·班克（David Bankier）:《希特勒国家中的公众意见:"最终解决"与德国人（修订本）》（*Die öffentliche Meinung im Hitler-Staat. Die "Endlösung" und die Deutschen. Eine Berichtigung*），1995年（英语初版：牛津，1992年）。

蒂尔·巴斯蒂安（Till Bastian）:《奥斯维辛与"奥斯维辛谎言":大屠杀与历史造假》（*Auschwitz und "Auschwitz-Lüge". Massenmord und Geschichtsfälschung*），慕尼黑：1997年（初版：1994年）。

沃尔夫冈·本茨主编:《种族火绝的规模:纳粹犹太受害者的数量》（*Dimension des Völkermords. Die Zahl der jüdischen Opfer des Nationalsozialismus*），慕尼黑：1996年（初版：1991年）。

克里斯托弗·R. 勃朗宁（Christopher R. Browning）:《通往"最终解决"之路:决策与罪犯》（*Der Weg zur "Endlösung". Entscheidungen und Täter*），慕尼黑：1997年（初版：1994年）。

汉斯·布赫海姆（Hans Buchheim）、马丁·布罗萨特、汉斯-阿道夫·雅各布森（Hans-Adolf Jacobsen）、赫尔穆特·克劳斯尼克（Helmut Krausnick）:《剖析"党卫队之国"》（*Anatomie des SS-Staats*），慕尼黑：1999年第7版（初版为二卷本，弗赖堡，1965年）。

达努塔·切赫（Danuta Czech）:《奥斯维辛集中营大事纪年表（1939—1945）》（*Kalendarium der Ereignisse im Konzentrationslager*

Auschwitz-Birkenau (1939—1945)），赖因贝克：1989 年。

瓦茨瓦夫·德乌戈博什基（Wacław Długoborski）、弗朗齐歇克·皮珀（Franciszek Piper）主编：《奥斯维辛（1940—1945）：奥斯维辛集中营及灭绝营历史研究》（*Auschwitz 1940—1945. Studien zur Geschichte des Konzentrations-und Vernichtungslagers Auschwitz*），五卷本、奥斯维辛：1999 年（波兰语初版：奥斯维辛：1995 年）。

第一卷：集中营的建设与结构。作者：亚历山大·拉西克（Aleksander Lasik）、弗朗齐歇克·皮珀、彼得·谢特凯维奇（Piotr Setkiewicz）、伊雷娜·斯切莱茨卡（Irena Strzelecka）。

第二卷：囚犯：生存环境、劳动与死亡。作者：塔德乌什·伊瓦什科（Tadeusz Iwaszko）、海伦娜·库比查（Helena Kubica）、弗朗齐歇克·皮珀、伊雷娜·斯切莱茨卡、安德烈·斯切莱茨（Andrzej Strzelecki）。

第三卷：屠杀。作者：弗朗齐歇克·皮珀。

第四卷：抵抗。作者：亨里克·希维博茨（Henryk Swiebocki）。

第五卷：结局。作者：达努塔·切赫、亚历山大·拉西克、斯坦尼斯科夫·克洛德尼茨克（Staniskław Klodzińsk）、安德烈·斯切莱茨。

德波拉·德沃克（Deborah Dwork）、罗伯特·扬·范佩尔特（Robert Jan van Pelt）：《奥斯维辛：从 1270 年至今》（*Auschwitz. Von 1270 bis heute*），苏黎世 等：1998 年（美国英语初版：纽约等，1996 年）。

伊斯拉埃尔·古特曼主编：《大屠杀百科全书：对欧洲犹太人的迫害与屠杀》（*Enzyklopädie des Holocausts. Die Verfolgung und Ermordung der europäischen Juden*）；德文版主编：埃本哈德（Eberhard Jäckel）、彼得（Peter Longereich）、尤利乌斯（Julius Schoeps），慕尼黑等：1995 年（德语初版：1993 年；希伯来语及美国英语初版：特拉维夫、华盛顿特区：1990 年）。

理查德·埃文斯（Richard Evens）：《历史伪造者：大卫·欧文审判中的大屠杀与历史真相》（*Der Geschichtsfälscher. Holocaust und historische Wahrheit im David-Irving-Prozess*），美因河畔法兰克福等：2001 年（美国英语初版：纽约等，2001 年）。

诺伯特·费赖主编：《前途黯淡的职业生涯：1945 年以后的希特勒精英》（*Karrieren im Zwielicht. Hitlers Eliten nach 1945*），美因河畔法兰克福等：2002 年第二版（初版：2001 年）。

诺伯特·费赖、西比勒·施泰因巴赫尔、伯纳德·C. 瓦格纳 主编：《剥削、灭绝与公众：纳粹集中营政策新论》（*Ausbeutung, Vernichtung, Öffentlichkeit. Neue Studien zur nationalsozialistischen Lagerpolitik*），慕尼黑：2000 年。

埃里克·弗里德勒（Eric Friedler）、芭芭拉·西伯特（Babara Siebert）、安德里亚斯（Andreas Kilian）：《来自死亡区的见证者：奥斯维辛的犹太特别小分队》（*Zeugen aus der Todeszone. Das jüdische Sonderkommando*），吕纳堡：2002 年。

马丁·吉尔伯特（Martin Gilbert）：《奥斯维辛与盟国》（*Auschwitz und die Alliierten*），慕尼黑：1982 年（英语初版：伦敦，1981 年）。

伊斯拉埃尔·古特曼、米夏埃尔·贝伦鲍姆（Michael Berenbaum）主编：《剖析奥斯维辛灭绝营》（*Anatomy of the Auschwitz Death Camp*），布卢明顿、印第安纳波利斯：1994 年。

拉斐尔·格罗斯（Raphael Gross）、维尔纳·伦茨主编：《法兰克福奥斯维辛审判（1963—1965）：评述版资料汇编》（*Der Frankfurter Auschwitz-Prozess(1963—1965). Kommentierte Quellenedition*），二卷本，美因河畔法兰克福：2013 年。

尼尔斯·古乔（Niels Gutschow）：《秩序妄想：建筑师规划的"德意志化东部"（1939—1945）》（*Ordnungswahn. Architekten planen im "eingedeutschten Osten"(1939—1945)*），柏林：2001 年。

D. D. 古滕普兰（D.D. Guttenplan）：《大屠杀审判："奥斯维辛谎言"的背景》（*Der Holocaust-Prozess. Die Hintergründe* der "Auschwitz-Lüge"），慕尼黑：2001 年（英语初版：伦敦，2001 年）。

彼得·海尔斯（Peter Heyes）：《第三帝国时期的"德古砂"：从合作到共谋》（*Die Degussa im Dritten Reich. Von der Zusammenarbeit zur Mittäterschaft*），慕尼黑：2004 年第二版。

奥斯维辛—比克瑙国立博物馆出版：《奥斯维辛专号》（*Hefte von Auschwitz*），自 1959 年以来的第 1—22 期（含特刊）。

乌利希·赫伯特（Ulrich Herbert）主编：《纳粹灭绝政策（1939—1945）》（*Nationalsozialistische Vernichtungspolitik (1939—1945)*），美因河畔法兰克福：1998 年。

乌利希·赫伯特、卡琳·奥尔特（Karin Orth）、克里斯托弗·迪克曼（Christoph Dieckmann）主编：《纳粹集中营：演变与结构》（*Die nationalsozialistischen Konzentrationslager. Entwicklung und Struktur*）二卷本，哥廷根：1998 年。

乔纳森·许纳（Jonathan Huenen）：《奥斯维辛：波兰与纪念政策（1945—1979）》（*Auschwitz. Polen and the Politics of Commemoration (1945—1979)*），雅典／俄亥俄：2003 年。

劳尔·希尔贝格（Raul Hilberg）：《屠杀欧洲犹太人》（*Die Vernichtung der europäischen Juden*），三卷本，美因河畔法兰克福：1994 年第二版，1990 年第一版（美国英语初版：芝加哥，1961 年；德语初版：柏林，1982）。

劳尔·希尔贝格:《开往奥斯维辛的特别列车》(*Sonderzüge nach Auschwitz*),美因茨:1981 年。

斯文·凯勒(Sven Keller):《金茨堡与约瑟夫·门格勒案:纳粹罪犯的家乡及对其的追踪》(*Günzburg und der Fall Josef Mengele. Die Heimatstadt und die Jagd nach dem NS-Verbrecher*),慕尼黑:2003 年。

恩斯特·克雷(Ernst Klee):《奥斯维辛人名辞典:罪犯、帮凶与受害者与他们的下落》(*Auschwitz. Täter, Gehilfe, Opfer und was aus ihnen wurde. Ein Personenlexikon*),美因河畔法兰克福:2013 年。

恩斯特·克雷:《奥斯维辛,纳粹医学研究及其受害者》(*Auschwitz, NS-Medizin und ihre Opfer*),美因河畔法兰克福:1997 年。

朗拜因·赫尔曼:《奥斯维辛审判:档案》(*Der Auschwitz-Prozess. Eine Dokumentation*),二卷本,美因河畔法兰克福:1995 年(初版:维也纳等,1965 年)。

德波拉·利普斯塔特(Deborah Lipstadt):《否认大屠杀》(*Betrifft: Leugnen des Holocaust*),苏黎世:1994 年(美国英语初版:纽约,1993 年)。

彼得·朗伊里奇(Peter Longerich):《灭绝政策:纳粹迫害犹太人总论》(*Politik der Vernichtung. Eine Gesamtdarstellung der nationalsozialistischen Judenverfolgung*），慕尼黑：1998 年。

君特·莫施（Günter Morsch）、伯恩特拉德·佩尔茨
（Bertrand Perz）主编：《纳粹毒气室大屠杀新研究》（*Neue
Studien zu nationasozialistischen Massentötungen durch Giftgas*），
与阿斯特里德·雷（Astrid Ley）合作，柏林：2011 年。

伯纳德·瑙曼（Bernd Naumann）：《奥斯维辛：有关穆
尔卡罪行及法兰克福陪审法院审理报告》（*Auschwitz.Bericht
über die Strafsache gegen Mulka u.a.vor dem Schwurgericht
Frankfurt*），美因河畔法兰克福：1968 年。

卡琳·奥尔特：《纳粹集中营系统：一部政治组织史》
（*Das System der nationalsozialistischen Konzentrationslager. Eine
politische Organisationsgeschichte*），汉堡：1999 年。

罗伯特·扬·范佩尔特：《以奥斯维辛为案例：来自欧文
案的证据》（*The Case for Auschwitz. Evidence from the Irving
Trial*），布卢明顿：2002 年。

弗朗齐歇克·皮珀：《奥斯维辛受害者人数——以原
始文献及 1945—1990 年间研究成果为基础》（*Die Zahl der
Opfer von Auschwitz. Aufgrund der Quellen und der Erträge der
Forschung 1945 bis 1990*），奥斯维辛：1993 年（波兰语初版：
奥斯维辛，1992 年）。

迪特·波尔（Dieter Pohl）：《大屠杀：原因、过程与结果》

（*Holocaust. Die Ursachen, das Geschehen, die Folgen*），布雷斯高的弗赖堡 等：2000 年。

让−克劳德·普雷萨克（Jean-Claude Pressac）：《奥斯维辛焚尸场——大屠杀的技术》（*Die Krematorien von Auschwitz. Die Technik des Massenmords*），慕尼黑 等：1995 年第二版（法语初版：巴黎，1993 年；德语初版：1994 年）。

劳伦斯·里斯（Laurence Rees）：《奥斯维辛：一部罪行史》（*Auschwitz. Geschichte eines Verbrechens*），柏林：2005 年（英语初版：2005 年）。

扬−埃里克·舒尔特（Jan-Erik Schulte）：《强制劳动与大屠杀：党卫队经济帝国——奥斯瓦尔德·波尔与党卫队经济管理总局（1933—1945）》（*Zwangsarbeit und Vernichtung: Das Wirtschaftsimperium der SS. Oswald Pohl und das SS-Wirtschafverwaltungshauptamt 1933—1945*），帕德博恩：2001 年。

西比勒·施泰因巴赫尔：《"模范城市"奥斯维辛——上西里西亚东部的日耳曼化政策与屠犹》（*"Musterstadt" Auschwitz. Germanisierungspolitik und Judenmord in Ostoberschlesien*），慕尼黑：2000 年。

安德烈·斯切莱茨：《奥斯维辛集中营的最后阶段：撤离、解散与解放集中营》（*Endphase des KL Auschwitz. Evakuierung, Liquidierung und Befreiung des Lagers*），奥斯维辛：1995 年（波

兰语初版：奥斯维辛，1982年）。

伯纳德·C. 瓦格纳：《奥斯维辛 IG：莫诺维茨集中营的强制劳动与屠杀囚犯（1941—1945）》（*IG Auschwitz. Zwangsarbeit und Vernichtung von Häftlingen des Lagers Monowitz 1941—1945*），慕尼黑：2000年。

格哈德·韦勒（Gerhard Werle）、托马斯·万德雷斯（Thomas Wandres）：《法庭上的奥斯维辛：种族灭绝与联邦德国的刑事审判》（*Auschwitz vor Gericht. Völkermord und bundesdeutsche Strafjustiz*），慕尼黑：1995年。

伊姆特鲁德·沃亚克（Irmtrud Wojak）主编：《奥斯维辛审判（4 Ks 2/63）》（*Auschwitz-Prozess 4 Ks 2/63*），美因河畔法兰克福、科隆：2004年。

伊姆特鲁德·沃亚克主编：《"针对自我的开庭日……"：法兰克福首场奥斯维辛审判的历史与影响史》（"*Gerichtstag halten über uns selbst...*"*Geschichte und Wirkungsgeschichte des ersten Frankfurt Auschwitz-Prozess*），弗里茨·鲍尔研究所年鉴，美因河畔法兰克福：2001年。

莱尼·亚希勒（Leni Yahil）：《犹太大屠杀：生存斗争与屠杀欧洲犹太人》（*Die Shoah. Überlebenskampf und Vernichtung der europäischen Juden*），慕尼黑：1998年（希伯来语初版：耶路撒冷，1987年）。

米夏埃尔·齐默曼（Michael Zimmermann）：《种族乌托邦与种族灭绝：纳粹的"吉普赛人问题解决方案"》（*Rassenutopie und Genozid. Die nationalsozialistische "Lösung der Zigeunerfrage"*），汉堡：1996 年。

图书在版编目（CIP）数据

奥斯维辛/［德］西比勒·施泰因巴赫尔著；王琼颖译.
—上海：上海三联书店，2020.9
ISBN 978-7-5426-7131-8

Ⅰ.①奥... Ⅱ.①西...②王... Ⅲ.①第二次世界大战—
犹太人—集中营—史料 Ⅳ.① K152

中国版本图书馆 CIP 数据核字（2020）第 143730 号

奥斯维辛

著　　者／［德］西比勒·施泰因巴赫尔
译　　者／王琼颖
责任编辑／程　力
特约编辑／张兰坡
装帧设计／鹏飞艺术
监　　制／姚　军
出版发行／上海三联书店
　　　　　（200030）中国上海市漕溪北路 331 号 A 座 6 楼
印　　刷／北京天恒嘉业印刷有限公司
版　　次／2020 年 9 月第 1 版
印　　次／2020 年 9 月第 1 次印刷
开　　本／787×1092　1/32
字　　数／97 千字
印　　张／6.25

ISBN 978-7-5426-7131-8/K · 594
定　价：36.80 元

著作权合同登记号　图字: 09-2020-726 号